中部卒業設計展

NAGOYA Archi Fes 2021 中部卒業設計展実行委員会 [編]

NAGOYA Archi Fes 2021

The theme of this exhibition is "with".

JN055242

はじめに

　NAGOYA Archi Fes 2021(NAF2021) は「中部建築界の活性化」を理念とし、さまざまな活動を行ってきました。そして、今年で 8 年目となる「中部卒業設計展」が集大成となります。

　本年度の設計展のキャッチコピーを「with」として開催しました。新型コロナウイルスとの関わり方はもちろん、人との関わり方、建築との関わり方が変化しています。さまざまな変化を考えるきっかけとなる設計展になったのではないかと思います。

　本年度は活動開始から、新型コロナウイルス感染症の流行により試行錯誤の年となってしまいました。集まることが困難な時期からのスタートとなり、思ったように動くことのできない中、活動を進めてきましたが、無事に終えることができました。審査員の先生方や出展者の皆様、総合資格学院様をはじめとする協賛企業の皆様など、関わってくださったすべての方に、心より感謝申し上げます。

　今後も私たち NAF の活動や発信が、掲げてきた理念である中部建築界の活性化につながっていくことを期待します。

NAGOYA Archi Fes 2021 副代表
吉村 真由

中部卒業設計展への
共催および作品集発行にあたって

　建築士をはじめとする、有資格者の育成を通して、建築・建設業界に貢献する——、それを企業理念として、私たち総合資格学院は名古屋の地で創業しました。それ以来、約42年間、建築関係を中心とした資格スクールとして、安心・安全な社会づくりに寄与していくことを会社の使命とし、事業を展開してきました。その一環として、建築に関係する仕事を目指している学生の方々が、夢をあきらめることなく、建築の世界に進むことができるよう、さまざまな支援を全国で行っております。卒業設計展への協賛やその作品集の発行、就職セミナーなどは代表的な例です。

　中部地区の学生の方々と当社の共催という形で、2014年3月にスタートしたNAGOYA Archi Fes 中部卒業設計展は、今年で8回目を迎えました。本年度も新型コロナウイルスの感染を防ぐため、出展者の方々や審査員の先生方、一般来場者による協力のもと、参加者全員へのマスク着用とアルコール除菌などを徹底し、公開での審査を行い、無事成功を収めることができました。このような難しい社会状況のなか、状況に応じて臨機応変に対応する実行委員の学生の方々を頼もしく思いつつ、年を経るごとに設計展が発展していくことを、共に運営している者として喜ばしく思います。

　本大会をまとめた作品集をつくるにあたり、「より多くの学生の方の作品を、より詳しく紹介する」という編集方針のもと、最優秀・優秀賞の作品を6ページで、個人賞を4ページで紹介しています。その他の応募作品についても1／2ページにて掲載したほか、2日間の審査の模様を豊富な写真と長文のレポートで記録しているため、学生の方の設計意図や審査員の先生方の設計理念、審査のポイントなどを読み取ることができるでしょう。

　本設計展および本作品集が、中部地区に留まらず、全国の学生へ刺激を与えていく。設計展の立ち上げの時から、継続して実行委員と共に会を運営してきた、当社のNAGOYA Archi Fes への願いであります。

　近年の建築・建設業界は人材不足が大きな問題となっていますが、さらに、人口減少の影響から、社会の在り方が大きな転換期を迎えていると実感します。特に昨年から、新型コロナウイルス感染拡大により私たちの生活や社会の仕組みが変化せざるを得ない状況となりました。そのような状況下で建築業界においても、建築家をはじめとした技術者の役割が見直される時期を迎えています。変革期にある社会において、本作品集が、建築に興味を持ち始めた若い人々の道標の一つとなり、また、本設計展に参加された学生の方々や本作品集をご覧になった若い方々が、時代の変化を捉えて新しい建築の在り方を構築し、高い倫理観と実務能力を持った建築家そして技術者となることを期待しております。

総合資格学院
学院長　岸　隆司

with

「中部建築界の活性化」を理念に掲げ、学生の力で多岐にわたる活動を行うNAGOYA Archi Fes。
8年目となる今回は、昨年と同様に新型コロナウイルス感染対策を実施した中で開催された。
時代とともに変化する人との関わり方、建築との関わり方、そしてウイルスとの関わり方。
今年の設計展コンセプトである「with」に込められた想いを、じっくりと考えさせられる2日間となった。

目次
contents

大会概要
competition summary

開催日程

2021年3月23日（火）
10：00〜　　　　　展示開始
10：30〜10：50　開会式
11：00〜13：00　一次プレゼンテーション（前半）
13：00〜13：30　昼休憩
13：30〜15：30　一次プレゼンテーション（後半）
15：30〜16：45　質疑応答
16：45〜17：15　審査員選考
17：15〜18：30　公開審査
18：30〜18：50　表彰式、閉会式

2021年3月24日（水）
　9：00〜　9：20　開会式
　9：30〜11：30　一次プレゼンテーション（前半）
11：30〜12：00　昼休憩
12：00〜14：00　一次プレゼンテーション（後半）
14：00〜14：45　質疑応答
14：45〜15：45　審査員選考
15：45〜17：00　公開審査（第一部）
17：00〜17：20　休憩
17：20〜19：00　公開審査（第二部）
19：00〜19：20　表彰式、閉会式

会　　　場

吹上ホール（名古屋市中小企業振興会館）2階第1ファッション展示場
　　　　　　　　　　　　　　　　　　7階メインホール
名古屋市千種区吹上2-6-3

賞

公開審査　　　　　　最優秀賞（2点）、優秀賞（3点）、
個別評価審査　　　　個人賞（9点）

NAF2021 中部卒業設計展の
総合司会を終えて

　昨年度に引き続いて、新型コロナウイルス感染拡大の影響はいまだ大きく、全国で開催される卒業設計関連のイベントの多くがオンラインでの開催となる中、NAF2021 中部卒業設計展がさまざまな制約はありながらも、出展者、審査員が一堂に会して開催できたことは、何より喜ばしいことであった。準備段階から世の中の情勢を伺いながら、多くの判断を繰り返し、細心の注意を払うことによって、考えられる最高の形で実現させた事務局・スタッフの学生たちの努力に敬意を表したい。

　2日間にわたり総合司会を仰せつかった私にとっても貴重な体験となった。初日には審査員と同様に、全作品のプレゼンテーションを受け、多大な熱量を受け止めた。昨年までとのもうひとつの違いとして、製図室が使えない、後輩たちの助けを受けられないといったコロナ禍での制約的環境の中で、作品の質が落ちるのではという懸念があったが、幸いこれは杞憂に終わることに。NAF2021 の開催時期が遅く、多くの大学の学内講評会後に1ヶ月程度ブラッシュアップの時間があったことも一因だと思うが、各学生がコロナ以前に増して卒業設計に集中的に取り組めたことを伺うことができた。

　初日の特別審査は建築専門外のアーティストやデザイナーが、二日目は建築家が審査員を務めるというのがNAFの特徴だが、今回もその特徴が顕著に表れる結果に。初日は、社会的状況や都市に関わる付帯的要件を読み解きプログラムを再編する作品や、自らの内面における葛藤から生み出された作品が選ばれた。一方、二日目は、敷地にまつわるコンテクストから本質的課題を発見し、建築が持つ力によって何かを切り拓こうとする作品が選ばれる傾向にあったように思う。両日を通して評価された作品は少なく、主催者が意図したように多くの出品者が、さまざまな異なる視点から評価を受けたとも言えるだろう。卒業設計では、いかに新たな問いを見い出せるかが重要だが、問いそのものにもその解決方法にも多様な価値判断がある。今後もNAFがこのような議論が展開する熱い場であることを期待したい。

総合司会
名古屋大学　准教授
恒川 和久

NAF2021 中部卒業設計展
審査を終えて

　私は卒業設計展のようなイベントにはあまり出席してこなかった。なぜなら大学が春休みの3月の間に海外出張を集中させるので、日本を留守にすることが多いからである。それは花粉症から逃れる方策でもあった。しかし2020年になるとcovid-19のために海外渡航が難しくなり、久しぶりに3月に東京にいることに。加えて、各種イベントも軒並み中止だった。コロナ禍2年目の2021年3月は、あいかわらず海外渡航はできないが、恐る恐る国内の活動を取り戻しつつある。そのなかでのNAF実行委員会からの参加依頼には、乗らない理由はなかった。コロナ禍で最初の卒業設計をできるだけ見ておきたかったからでもある。

　大きな展示場が70もの作品で埋め尽くされた光景は壮観だった。無限の成長や拡大を前提にしたような提案はあまりなく、地域に存在する、特徴的だが今は見過ごされている建築や基盤の形式の魅力を再発見し、これを現代に位置付け直そうとする提案が多い。そういう関心は現代の若者なら当然だが、昨日まで忘れられていたものに、急に資本が投下され、人が集まるなんてことは起こらない。そういう活性化された姿を示すことを目的とする提案は、成長や拡大を無意識に想定した空間型の思考からまだ抜け出せていない。問題は、その形式や資源が活力を失うに至る過程で現れた障壁のほうである。障壁を知ることは、我々が何に取り囲まれて生きているのかを知ることでもある。どのような技術や社会的枠組みが、障壁を取り除くのに利用でき、その組み合わせがどのような人々の活動を生み、形式を系譜学的に変容させるのか。そういう問いかけがかたちになった提案には、説得力がある。

　建築というのは自然の事物を、私たちが関わることができる資源に変えるところに介在し、アクセシビリティを生み出す。資源にアクセスするのに必要なスキルとツールを共有することが、利用する人々のメンバーシップの性格を決める。「成長なき繁栄」のための建築は、こうした事物連関型の思考により、空間型を批判し、事物連関と空間をともに再生する。若い建築の同志に、ぜひ取り組んでもらいたい。

審査員長
アトリエ・ワン　東京工業大学大学院　教授
塚本 由晴

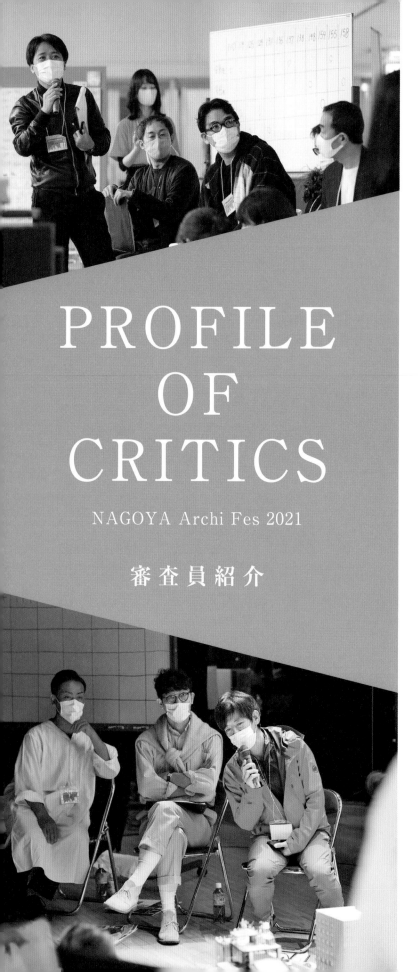

PROFILE OF CRITICS

NAGOYA Archi Fes 2021

審査員紹介

安東 陽子

Yoko Ando

テキスタイルデザイナー
安東陽子デザイン代表

1968年東京都生まれ。武蔵野美術大学短期大学卒業。NUNOでの勤務を経て、2011年個人事務所、安東陽子デザインを設立。伊東豊雄、山本理顕、青木淳、平田晃久など、多くの建築家の空間にテキスタイルを提供している。

- 主な著作 -

©阿野太一
みんなの森 ぎふメディアコスモス

©阿野太一
京都市京セラ美術館

©Fujitsuka Mitsumasa(Helico)
東京ウェルズテクニカルセンター

深堀 隆介

Riusuke Fukahori

現代美術作家
横浜美術大学客員教授

1973年愛知県生まれ。1995年愛知県立芸術大学美術学部デザイン・工芸専攻学科卒業。1999年制作活動開始。器の中に樹脂を流し込み、絵具で金魚を描く技法・滅面積層絵画(2.5Dペインティング)にて金魚を題材とした作品を多く手がける。2007年横浜にアトリエ、金魚養画場を開設。2016年より横浜美術大学客員教授。

齊藤 良博

Yoshihiro Saito

建築家
SAMURAI

1974年東京都生まれ。1997年千葉大学工学部建築学科卒業後、(有)インテンショナリーズに入社。自身の設計事務所(有)エイスタディを経て2016年よりSAMURAIに合流し、空間デザイン部門を統括する。

原田 祐馬

Yuma Harada

アートディレクター／デザイナー
UMA/design farm代表

1979年大阪府生まれ。京都精華大学芸術学部デザイン学科建築専攻卒業。どく社共同代表。名古屋芸術大学特別客員教授、グッドデザイン賞審査委員。大阪を拠点に文化や福祉、地域に関わるプロジェクトを中心に、グラフィック、空間、展覧会や企画開発などを通して、理念を可視化し新しい体験をつくりだすことを目指している。「ともに考え、ともにつくる」を大切に、対話と実験を繰り返すデザインを実践。

- 主な著作 -

金魚酒 命名 夕維

花桶

蒼鬼

- 主な著作 -

©Takumi Ota
TAKEDA GLOBAL HEADQUARTERS

©Takumi Ota
NISSIN KANSAI FACTORY

©Takumi Ota
KURA SUSHI

- 主な著作 -

国立工芸館

佐賀県庁地下駐車場

UR都市機構の色彩計画

総合司会

恒川 和久
Kazuhisa Tsunekawa

建築家
名古屋大学 准教授

1964年愛知県生まれ。1988年名古屋大学工学部建築学科卒業後、大林組勤務を経て、1996年名古屋大学大学院工学研究科助手、講師を経て、准教授。専門は、建築計画・都市計画、建築設計。名古屋大学施設・環境整備推進室にて、キャンパスのマスタープランや施設計画・設計、ファシリティマネジメント等に従事。

審査員長

塚本 由晴
Yoshiharu Tsukamoto

建築家
アトリエ・ワン共同代表
東京工業大学大学院教授

1965年神奈川県生まれ。1987年東京工業大学工学部建築学科卒業後、パリ建築大学に留学。1992年貝島桃代と共に日本の建築家ユニットとしてアトリエ・ワンを設立。1994年東京工業大学大学院博士課程修了後、2000年より同大学で大学院准教授を務めた後、ハーバード大学大学院客員教員、UCLA客員准教授として招かれる。2015年より東京工業大学大学院教授。

中山 英之
Hideyuki Nakayama

建築家
中山英之建築設計事務所主宰
東京藝術大学准教授

1972年福岡県生まれ。2000年東京藝術大学大学院修士課程修了。伊東豊雄建築設計事務所勤務を経て、2007年に中山英之建築設計事務所を設立。2014年より東京藝術大学准教授。

- 主な著作 -

名古屋大学ES総合館

名古屋大学IB電子情報館と
地下鉄名古屋大学駅

高浜の家

- 主な著作 -

©Atelier Bow-Wow
ハウス&アトリエ・ワン

©Solomon R .Guggenheim Foundation
BMWグッゲンハイム ラボ

©Atelier Bow-Wow
尾道駅

- 主な著作 -

©中山英之建築設計事務所
石の島の石

©ONESTORY
mitosaya 薬草園蒸留所

©Jeroen Verrecht
Printmaking Studio/Frans Masereel Centrum

木村 吉成
Yoshinari Kimura

建築家
木村松本建築設計事務所共同代表
大阪芸術大学准教授

1973年和歌山県生まれ。1996年大阪芸術大学芸術学部建築学科卒業後、狩野忠正建築研究所を経て、2003年木村松本建築設計事務所を松本尚子と共同設立。2020年より大阪芸術大学芸術学部建築学科准教授。

岩月 美穂
Miho Iwatsuki

建築家
studio velocity一級建築士事務所共同主宰

1977年愛知県生まれ。石上純也建築設計事務所勤務を経て、2006年栗原健太郎と共にstudio velocityを設立（2007年にstudio velocity一級建築士事務所に改称）。

中川 エリカ
Erica Nakagawa

建築家
中川エリカ建築設計事務所代表

1983年東京都生まれ。2005年横浜国立大学を卒業。2007年東京藝術大学大学院美術研究科修士課程修了後、オンデザインを経て、2014年中川エリカ建築設計事務所を設立。

- 主な著作 -

©増田好郎
house T/salon T

©大竹央祐
house A/shop B

©新建築社写真部
house S/shop B

- 主な著作 -

愛知産業大学 言語・情報共育センター

美浜町営住宅河和団地

山王のオフィス

- 主な著作 -

©Koichi Torimura
桃山ハウス

©Koichi Torimura
ヨコハマアパートメント
（西田司/オンデザインと共同設計）

©yujiharada
丘端の家

審査方式

事前審査 ｜ 3月吉日

2日目の審査員5名と総合司会の恒川氏により、オンライン会議を実施。
全応募作品のシートデータに一つずつ目を通した結果、総数99作品から、70作品を選出した。

会場審査 1日目 ｜ 3月23日（火）

●プレゼンテーション

前半と後半に分けて、巡回する審査員
に対し、すべての出展者がプレゼン
テーションを行なう。ここでは審査員
による質疑は禁止。

●質疑応答タイム

プレゼンテーション時に気になった
作品の出展者に、審査員が再度訪問。
審査員から質疑を行なう。

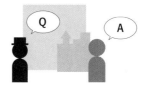

●公開ディスカッション

質疑後に絞り込まれた作品の出展者
のみを集め、審査員と公開ディスカッ
ションを実施。質疑応答を繰り返し、
各賞が選出される。

会場審査 2日目 ｜ 3月24日（水）

●プレゼンテーション

前半と後半に分けて、巡回する審査員に対し、すべての出展者がプレゼンテーションを行なう。ここでは審査員による質疑は禁止。

●質疑応答タイム

プレゼンテーション時に気になった作品の出展者に、審査員が再度訪問。審査員から質疑を行なう。

●最終プレゼン・公開ディスカッション

質疑後に絞り込まれた作品の出展者のみを集め、公開でプレゼンテーションを実施。さらに審査員と出展者によるディスカッションを行ない、各賞が選出される。

2021 年 3 月 23 日（火）

The 1st day of NAGOYA Archi Fes 2021

　一次プレゼンと質疑応答を経て、審査員が 12 名のファイナリストを選考。審査員とファイナリストによる公開審査で、ディスカッションが繰り広げられた。

　最優秀賞は満場一致で決定。その後に個人賞が決まっていくなか、"惜しくも最優秀賞ではないが賞に値する作品がある。何か賞を与えたい！"、という審査員の提案を実行委員が快諾し、急きょ「優秀賞」を設置。追加で 1 名が決まり、計 6 名の受賞者がそろった。

　建築家ではなくデザイナーやアーティストで構成される審査員勢から選ばれた、という点にも注目したい。

プレゼンテーション & 質疑応答

Presentation,Question and Answer Session

[安東陽子賞(1日目)／中川エリカ賞(2日目)]

Project

都市の残影
―空白を紡ぐミュージアム―

ID110

渡邉 拓也 Takuya Watanabe

[名城大学]

▶ P.84

💬 ID110 渡邉拓也

×安東先生

安東　このグラフィティの痕跡が残る面白い壁は敷地にすでにあるものなのですか？ どこまでがリアルな案なのか教えてください。

渡邉　ここにある模型はすべて実在するものです。実際に自分で歩き回って探しました。敷地は結構大きいのですが、全部にこのような一本の道のようなものがひたすらできています。それをスケッチして、このような面白い壁になっているということを伝えたかったです。

安東　模型のつくり方の精度を含めとても良いセンスを感じます。これが自分は興味があるのだと、人に伝える力のある、とてもユニークで魅力のある作品になったと思います。

×深堀先生

深堀　壁系の作品が今回多いですが、このようなアートな壁を見るのは私も好きです。昔の家の跡がついていますよね。ただ、このような壁を見せるためにこれだけのお金をかけるだろうかという疑問もあります。現実問題として、建てるのにすごくお金が必要じゃないですか。もしこの案を実現させるとして、お金を出す人がいるのかを考えてしまいます。あなたが富豪になれば、つくれるかもしれません。アーティストにはあちらの区画を描かせるより、こちらの区画を描かせてあ

げて欲しいと思いました。

渡邉　こちらの区画でも描けます。一応作品として何も描かないのですが、例えば新しい建物が建った時に描けるように考えています。

深堀　新しいほうに描けるんですか?

渡邉　新しいほうにも描いていきます。それで、この建物が朽ちる時に新しい建物に残った絵が徐々に浮き出ていきます。それが浮き出ることによって、この街自体に新しい道ができ、その道がアートで彩られた空間に徐々に変わっていくという提案です。

深堀　それは何十年も先の構想ですね。

渡邉　そうです。だから本当に街全体がミュージアムのようになっていくという提案です。

深堀　それなら、バンクシーを呼んで描いてもらうとか、どうですか?

渡邉　きっと話題になると思います。

深堀　今後話題になりそうな人を今のうちに呼んで描いてもらうとか。展覧会でロンドンに行った時、地域によってはグラフィティが普通に市民権を得ていて、「君も明日街に出て壁に絵を描かないか」と急に言われたことがあります。あそこは描いても良い壁だと言うんです。私は、グラフィティは専門ではないので断りましたが、この壁は描いても良いからとか言われるんです。ロンドンなどはそういう文化なので、家を持っている人が結構グラフィティを許しているようで、描いてもいい場所があちらこちらにあるんです。それで有名なバンクシーも生まれましたしね。あと、有名な人の壁画もあります。この作品はどこかそれに通じるところがあると思います。おそらく、あの壁の上のほうも描かれるんだろうね。

渡邉　そうですね。もともとここには建物があり、グラフィティが描かれていたのですが、それがなくなったのを、どうやって描かれたのかなどを考えるのが結構楽しいんです。あと現在、栄エリア自体に結構グラフィティが溢れていて、このエリア自体が隠れたアートの空間のようになっているんです。

深堀　敷地はどの辺りなのですか、南のほう?

渡邉　池田公園を含む街区です。

深堀　池田公園ね、夜は少し危ない公園ですね。

渡邉　はい。

深堀　夜は治安が良くないので行ってはいけないと言われていました。グラフィティのようなものをつくるというのは良い意味で馬鹿げていますね(笑)。あと、この模型は良くつくられていると思います。好感が持てました。

渡邉　お金の話を最初にされましたが、このエリアの内側、自分が立っている部分に駐車場があるけれど、実際ほとんど使われていない状況なのです。この計画案をつくることで、車がさらに来ます。それが売り上げにもつながり、この計画の資金にもできるという案です。

×齊藤先生

齊藤　個性的な提案で良いですね。結局、この辺りの通路をギャラリー化していくという話だと思うのですが、その先にこれらの建築がなくなっていく。その時にグラフィティだけ独立して街中に良い公共空間ができて、街も賑わっていくということかな。その後のプログラムが知りたいです。

渡邉　傷がついている建物もありますが、新しい建物がなくなる時には、光などでこのような跡がつくんです。それで、自分で跡をつけると、もしもこの辺りがなくなって新しく建ってしまった場合に、この栄の街の区画にそのグラフィティというアートが点在していて、隠れたアートの街になる。そして、その新しい建物にグラフィティが入っていくという操作をすることで、この建物が朽ちた時に徐々にそのアートが見えてくる。だから、建物が完全になくなった時に駐車場がその都市の一本の道になり、その道にアート空間、グラフィティが並んでいくことで栄の街自体がアートの街、博物館となることを想定しています。それで、ここの建物がなくなることが想定されるので、建築に余白を持たせてつなげることを考えています。

齊藤　そこまで考えているんですね。力作ですね。

[原田祐馬賞(1日目)]

Project

岡崎田んぼ再興

ID131

芝村 有紗　Yusa Shibamura

[名城大学]

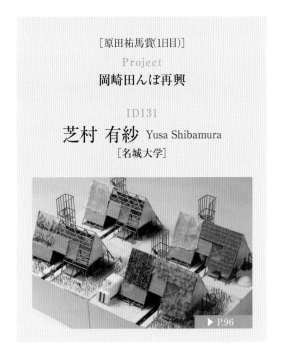

▶ P.96

●●● ID131 芝村有紗
×原田先生

原田　この三角形の屋根形状は、よくあるものかなと思いますが、それらとの違いとして、意識した点やデザインのポイントは何かありますか？

芝村　まずトラスをつくろうと思いました。それから、米作りの期間がだいたい4〜9月となるのですが、4月の段階でこの建物に太陽の光が当たった時に、影が出来ない角度を調べるとちょうど60度だったことから正三角形の形状になりました。結果的に何も考えていないような綺麗な形になってしまったのですが、自分的には意味を持たせたつもりではあります。貼り付けてある素材は、実際に米作りの農家のところに行き、どういうテクスチャがあるかリサーチしました。

原田　この辺りですね。

芝村　はい。スズメの防鳥ネットやポリカーボネート、稲、藁、木などを使っています。農家では子どもたちに体験学習などの場を提供しているのですが、夏の暑い時期だと体調を崩す子もいるということを聞いたので、田んぼに日陰があれば、田んぼの中に留まれるのではないかと思い、網とグリーンカーテンを付けました。網ときゅうりのグリーンカーテンを使うと、苗を育てる時に通気性が良くなるという合理性があるんです。春はこの網を付けることで爽やかな風だけが入ってくるのですが、きゅうりのグリーンカーテンが伸びると、徐々に影の部分が増えてきて、最終的に夏や草むしりをする暑い頃にはここが影になるんです。夏までは稲も緑ですが、秋になると稲穂の色が変化するので、それをより際立たせる存在となるようグリーンカーテンの素材を選定しています。

原田　なるほど。すごく機能性のある設計がされているなと思いました。これは岡崎市の乙川ですか？

芝村　そうです。岡崎の花火大会がすごく好きで、乙川リバーフロントの再開発などもよく見ていました。

原田　岡崎の人はみんな花火大会が好きですもんね。

芝村　そうなんです。花火大会が新型コロナウイルスで出来なかったので、サプライズ花火が岡崎で実施されたのですが、突然のことだったので乙川までは見に行けず、今年は田んぼで見ました。

原田　それがプレゼンボードのメインイメージのような感じだったんですね。

芝村　サプライズ花火が打ち上げられ、慌ててみんなが田んぼに出てくるシーンを見て、そういえば幼稚園の頃はこうやって田んぼで近所の人たちと集まって見たなと思ったんです。それと、周りの建物がどんどん増えているのを10年越しに感じて、この広々とした空間をずっと守れたらと思いました。しかも、この辺りの生産緑地が市街化区域に指定され、どんどんなくなるため、みんなが集まるシーンを思い浮かべながら花火が反射するような抜けの空間と、その脇に船のような建築があったらいいなと思って設計しました。

原田　船のような建築ですか、すごく良い例えですね。

芝村　裏設定ですね。船の中にも人がいて明かりが灯り、水路にも人が並ぶ。それで、田んぼの周りにも人がいて、花火が上がって、それが抜けの空間に反射してそれをまた見る人がいるという、浮世絵のような絵が出来たらいいなと思って設計しました。

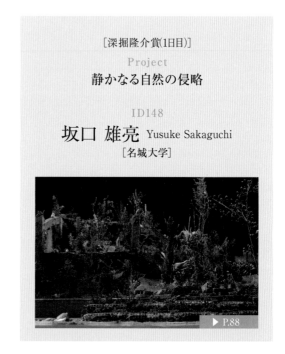

［深掘隆介賞(1日目)］
Project
静かなる自然の侵略
ID148
坂口 雄亮　Yusuke Sakaguchi
［名城大学］

▶ P.88

●●● ID148 坂口雄亮
×深堀先生

深堀　発想が面白かったです。最近私も建築の崩壊についてよく考えます。というのも、アトリエの前に築五十数年と思われる古い団地があるのですが、老朽化が本当にひどくて傾いているんですよ。コンクリートの建築は60年程度もつかと思うのですが、この団地にはまだ住民がポツポツ住んでいるんです。高齢化も進んでいるので、住民のみなさんは引っ越せないんです。あと、あなたの作品を見た時に軍艦島を思い出しました。軍艦島が国内最古の鉄筋コンクリート建築ですよね。

コンクリートは本当に軍艦島のように崩れていきます。ただその朽ちていく姿が今の人は美しくも見えるようで、軍艦島を見たい人がたくさんいることから、観光地化もされましたね。昔の人からは、崩れた

もののどこがいいのかと言われてしまうかもしれませんが。崩れていくとか、朽ちていくものに美を感じるというのは、日本に昔からある美意識によるものかもしれませんね。この作品は、崩壊した後に森に還っていくのが最終的な目的なのですか、森というか自然になるということですか?

坂口　僕が考えていることとして、建築は、人間より上の存在として崇められるものではなく、都市や地球を構成する植物、鉱物、生物と同等の立場として存在するべきではないのかというところから——。

深堀　話を聞くと、人間は細菌のような扱いですね。

坂口　そういう視点から見ると、富士山もこの川も一緒なのです。だから、この建築の終わりがどこかと聞かれるとちょっと難しいです。富士山の終わりがどこなのかと聞かれているのと同じような気がして。

深堀　富士山は爆発したら終わりだろうね。でも、この土地もいつかは火星の地表のようになる時が何億年後かには来ると思います。いつかは何もない荒野になるとは思っているのですが、最終的には滅亡というか、人間もいなくなるだろうということは常に考えています。やはり今ある姿は永遠じゃないですしね。そういう思想のようなものを感じました。

坂口　この作品を通してそれらの思想をお伝えすることができて、僕は嬉しいです。

深堀　つくるのではなく、建築という中であえて逆のことを行っているのですが、これも建築なのかと思いました。面白かったです。

×原田先生

原田　どのような部分を解体するプロセスとして設計したのかを教えて欲しいです。

坂口　解体のためのプロセスとしては、川の水を引いて屋上に流し、流し置きとして中性化するというのが大きな軸としてあります。それを補助する役割として12個設計しているのですが、そのうちの2つを説明させていただきます。例えば模型でいうと、このレールがないと水が一様に落ちてしまいます。その落水場所のようなものを限定するために、ある程度高低差をつけた状態で設置しました。これらの操作はすべて一貫して、一次的な目的は崩壊のため

であり、二次的な目的は人間以外のためのものとなっています。一次的な目的は、先ほどの落水箇所の話のようなもので、二次的な目的は、ちょうどパラペットとの間に少し隙間ができるのですが、人間のためにつくられたパラペットというものが、ひと手間を加えることによって生物や植物の居場所にもなるということです。寸法なども魚のサイズに合わせて設計しているのがポイントです。次はフェンスの例となりますが、フェンスはまず一次的目的として、鳥の糞を内部に持ち込ませるという目的を持っています。最初はガラスを貼って鳥が内部に侵入できないような状態になっているのですが、それまでの仮のすみかとして機能しているのがあります。二次的な目的としては、例えば中に入る光などを植物自身が制限する役割をしています。一般的な庇は結構庇が出っ張っていますが、この作品では自然主体の観点から設計しているので、庇の出っ張り具合が鳥類の巣の大きさから決定したり、穴のそれぞれの大きさは鳥類の種の運び方によって区別したりということをしています。

原田　ここは解体されていくものじゃないですか、崩壊が起きるわけですよね。崩壊は予測できないじゃないですか。予想できないけれど、結構人が中に介入していくような空間になっていますよね。会場でも質問しましたが、ご自身で考えている安全性についても説明していただけますか?

坂口　安全性は全く考えていないわけではなく、例えばこの操作に関しては、ここの提案に対して垂直方向に補強材を入れてしまうと、保有水平耐力に影響が出てしまうのですが、柱を入れずに梁だけで補強することによって保有水平耐力に関与しない状態で補強できる部分があります。プレゼンボードには書いていないのですが、鉄板を梁の部分にこのように巻き付けてアンカーボルトを打つという提案もしています。崩れる箇所と崩れない箇所を明確に分けています。

原田　わかりました。最後に聞きたいのですが、この方法は新築などにも応用できないのですか? 廃墟になっているものを崩すプロセスを設計するというのはすごく面白いと思いました。今新たにできるものに介入し、自然物も介入していけるような仕組みにもなりそうだと思ったのですが、おそらく寸法や設備などの要素にもつながりそ

うだと思っていて、そこに可能性がありそうな気がしているんです。

坂口　そうですね。個人的な話にはなるのですが、これから進学する大学院での研究で、一から新築をつくる時に自然などが介入できる余地を持った建築ができないだろうかと考えています。学部の段階では解体を通してこのテーマを扱うまでしかできなかったので。

原田　一見、この作品は単なる廃墟好きに見えるじゃないですか。でも、そうではないのだろうなと思うんです。この作品からさらにフューチャービジョンのようなものを描かれたほうがいいのではないかなと思いました。

坂口　これも夢物語のような話になってしまうのですが、2080年のこの模型のように、こういう建築が都市に点在し、点在した建築同士を蝶々や鳥などが結びつけて、ここで食べた種があちらで生えるというような、自然のネットワークが都市の中にでき、都市が徐々に自然によってジャックされていく状態ができたらいいなというのを、フューチャービジョンとして考えています。

×齊藤先生

齊藤　この先はどうなるのですか?

坂口　都市を構成するような植物、鉱物、生物と同じ土俵で、建築が語られるべきだと考えているので、僕からすると、これらは富士山と一緒なんです。富士山も川も同じと考えています。そのように考えているので、富士山のどこが完成なのかという質問には答えられません。

齊藤　完成した姿を聞きたいのではなく、プログラムまで含めてどのようなものを描いているのかを聞きたかったので、今の回答で大丈夫です。

坂口　プレゼンの時にも話しましたが、このような思想を持った建築や、このような操作が含まれた建築が都市の中に点在し、蝶々や鳥たちがその建築から生まれた木の実を食べることで、別の場所にまたその種が生えるというような、自然のネットワークのようなものがここで築き上げられると、未来の価値として今提案する価値があるのではないかと思っています。

［齊藤良博賞(1日目)］

Project

減築による若里団地の再生
－余白空間の緑地化－

ID154

藤原 未来 Miku Fujiwara

［信州大学］

▶ P.92

●●● ID154 藤原未来

× 安東先生

安東　考え方はとても面白い。もしかしたら建築にとって重要な今後の課題になるかもしれないですね。

藤原　このような老朽化した団地はたくさん出てきていますしね。

安東　日本の団地は簡潔なデザインが多く見られますが、もしかしたらアレンジ次第では、いろいろな可能性がありそうです。「団地」というテーマに注目した着眼点が良いと思いました。

×深堀先生

藤原　わかりづらいかもしれないですが、この青くなっている部分が耐震壁です。この部分を除いて、セットバックしている形になっています。耐震に関わる部分は残しているのですが、これが可能かどうかは解析などをしてみないとわからないと思っています。

深堀　考え方は面白いですが、難しそうですね。毎回一段下げるごとに莫大なお金がかかるので、お金を出すほうからすると一気に壊したほうが良いのではないかな。

藤原　コストからするとそうですね。

深堀　先ほどのコンクリートが朽ちていく作品(ID148「静かなる自然の侵略」)の人と共同で行ったら面白そうですね。

藤原　はい、先ほど話をしました。徐々に朽ちていく案ですね。

深堀　徐々になくなっていくというのはいいかもしれない。僕のアトリエの前にも古びた団地が建っているのですが、同様の問題がやはりあります。住民は高齢化で引っ越しもできないし、この団地をどうするのだろうと思っています。再利用したくても、なかなかお金が出ませんからね。

藤原　団地の老朽化でちょうど人も少なくなっている時期なので、注目したいと思っています。

深堀　本当に団地は今岐路に立っているというか。当時は良かったのだけれど、建て過ぎてしまったのではないかな。住民も出たくても出ることができない。

藤原　敷地の団地は人が少なくなっていくにつれて、取り壊しを想定しています。人が少なくなっていくにつれ、建物もなくなっていくということができたらいいなと思ってつくりました。

[最優秀賞(1日目)]
Project
都市風景葬

ID158

谷口 舞 Shun Taniguchi
[名古屋造形大学]

▶ P.54

●●● ID158 谷口舞
×安東先生

安東　最終的に自分のモニュメント的なものをつくるということですよね。

谷口　モニュメントというか生きていた像を都市の中に焼き付けるようなものです。

安東　具体的に何かをつくるというよりは、その人たちが生きていた何かを存在として残すということですよね？

谷口　今の墓地の形態として、死後は都市など住んでいた場所から追い出されるような社会構造になっていて、それはつまり隔離されているようなものだと思いました。それでは少し悲し過ぎるのではないかというのがあり、生きていた像を焼き付けるという方法を取りたいと思いました。

×深堀先生

深堀　散骨とかではないんですか？

谷口　一応散骨を考えています。散骨のルールが少しややこしいというか、あまり決まっていなくて、人の迷惑にならない場所と方法で行うという決まりがあるんです。そのため、壺ごと都市の上に撒くというのは迷惑になってしまうので、この墓地をつくりたいという希望者が複数名集まって、ヘリコプターなどで上空から一つまみぐらいの散骨を都市の上でする程度なら迷惑にはならないのではないかと考えて

います。これらをやった上で墓地をつくってもいいし、逆に、自分の家系の墓地や霊園の中に入らなければいけない人も、都市に還ると思えるのであれば、また違う墓地の形態としてこちらにつくっても良いと思いますし、墓地の在り方がもう少し多様になって欲しいと思いました。

深堀　変わるでしょうね。自分の家に昔からあるお墓に別に入りたくはないし、入るのも難しいでしょうし、うちの奥さんも嫌がると思いますね。

谷口　墓石はすごく高いんですよね。

深堀　そうなんですよ。

谷口　墓地の空き待ちという言葉にものすごく違和感があるんです。

深堀　義祖父の三十三回忌までやったのですが、大変でした。ただ、人の骨を撒くことを嫌がる人もいると思います。私の場合は自分の骨をタイルの釉薬にしてもらって、タイルの白線に使えないかなと思っています。自分やいろいろな人の骨で白線ができるとか。無茶苦茶な発想だけど、全部のタイルの白線が人の白い骨の色でできていたら美しいかなと思っています。自分だったら、そうやって自分の骨を使ってもらいたいと、この作品を見て思いました。この作品はとても新しい発想だと思います。話を戻すと、墓地をどこにするかという問題に関しては、自分の庭に本当は埋まりたいのですが、平和公園などになるかな。

谷口　平和公園の墓地を見た時に、集合住宅や新興団地のようなものを見ているような感覚に近いものがあり、ものすごく無機質なものに思え、僕はこんなところに入るのかと思ってものすごく寂しい気持ちになりました。最期は思い出のある場所というか日常を感じられる場所に還りたい、というのを死期を感じた時に思いました。これがこの作品のきっかけですね。

深堀　自分は絵を描くので、骨を使った絵などができないかなと思いました。この作品を見ているといろいろな発想が沸いたので、良い切り口だったと思います。

公開審査

Public examination

恒川　審査員の方々から優秀だと思った作品を推薦いただき、それらをどのような視点で見たかを話していただきながら受賞作品を絞っていきたいと思います。まずは4名の審査員の方に、今日はどのような点に期待しているのか、どのように評価するのか、自分の基準について話していただきたいと思います。

安東　作品をすべて一通り見まして、非常に丁寧につくられた力のある良い作品が多いと思いました。最終審査に選抜された12作品は、審査員それぞれが評価した素晴らしい作品だと思います。私は普段、建築家と一緒に仕事をしていますが、建築をつくるというよりカーテンをつくる仕事などがメインなので、設計者が何を考えているのか、どういう空間をつくりたいのかを一緒に考えながらつくっています。私は、自分が体験したことや自分がいいなと思ったものでないと、ものづくりは始まらないと思っています。今回選ばれた12作品については、自身の体験や日常から、つまり、自分に最も近い空間やランドスケープから見直して、そこでの気づきや自分の想いより生まれたものからきちんと考えて丁寧につくり込んでいるかを一番の評価軸にしました。12作品それぞれ良かったのですが、特に良かった2作品としてID110「都市の残影」は、自身がこの壁を好きだという

ことから、どうやってこれらの好きな壁を選んだのかを自分の足で丁寧に探している作品で非常に魅力的でした。ID119「見え隠れする小景」は、出会った土地の出会った資料から自分が手を加えていくところから始まっています。そういう体験から、島の新しい構成を非常に丁寧につくっている。その他の作品にも触れると、ID137「道草譚」の道草をさまざまにリサーチした作品や、ID155「せと物のまち せと者のうつわ」の瀬戸物の作品も特に印象的でした。

深堀　今回の審査員はデザイナーの方が多いですが、私だけアート部門ということで私の役目としては、建築から少し外れていても作品への想いが強いものを挙げようと思っています。また、新しい発想の作品も評価しました。実は、最終審査に残っている作品以外にも、本当に素晴らしい作品が多かったです。コンクリートが溶けていったID148「静かなる自然の侵略」の考え方である、構築だけでなく朽ちるということは私も頻繁に考えます。建築家というのはつくるだけでいいのか、ものはつくれば朽ちていくものなのだから、建築家はそこまで考えなければいけないのではないかという問題提起がされたような気がして好感を持てました。ID154「減築による若里団地の再生」の

団地の作品と併せて、どんどん減築していくような案になると良いのではないかな。今回の出展作品の中には建物の老朽化をテーマとするような、建てた後はどうするのか、土地を傷つけないようにするにはどうすればいいのかなど、土地の歴史を大切にしている考え方が多いと感じました。ID158「都市風景葬」もいつ自分は死ぬのか、死んだ後はどうするかをしっかり考えていて、「死」に対してたくさん問題提起をされていました。これはリアリティがあり、すごく心に残っています。同じく「死」をテーマとしている人が何人かいましたが、みなさん若いのにすごく考えていて好感を持ちました。今日、本設計展に来て良かったです。

齊藤　私が属するSAMURAIという会社は、あらゆる事象のブランディングを行う会社なのですが、建築からフロアデザインまで含めたブランディングを行っています。今回は建築より少し軸をずらしてブランドづくりという概念でみなさんの作品を見ました。ブランド戦略というのは、作品がアイコニックであることは大前提です。アイデアがシンプルなこと、アイデアがきちんとした精度で練られていること、わかりやすいこと。この辺りを中心にみなさんの作品を見ました。そういう観点でいうと、ID119「見え隠れする小景」は、地元で採れる素材を使って家具を構成し、そこから発生したガラスでものをつくるということをしていて、地域のブランドづくりがきちんとできているのではないでしょうか。ID129「暗渠への誘い」は、構造でよく使うバットレスと呼ばれる構造反力材に着目し、それだけでランドスケープを変遷させるくらいの造形をつくり出した点をすごく評価しました。暗渠とバットレスの組合せもすごく相性が良く、新しい土木のランドスケープのような在り方も生まれるのではないかな。ID154「減築による若里団地の再生」は、団地の減築というものすごくシンプルなアイデア。老朽化して物理面でも使用面でも寿命が近い作品に対して、減築するという1コンテンツだけで応答し、かつ造形力がものすごく高い。ファサードの絵を見ただけで、なんだか住みたくなるような、気持ち良さそうだと思わせるような画力の強さがありました。12名に選ばれなかった中にも、もの

すごく面白い観点の方がいらっしゃいました。いろいろな見方で建築の世界を広げていければいいと思っているので、今日選ばれなかった人も明日がありますので、プレゼンの方法なども含めていろいろ考えていただければと思います。

原田　私はグラフィックデザインの仕事を中心にしながら建築家と共同していろいろな仕事をしているのですが、その建築家たちと共同していくうえで彼らが大事にしていることを1つの評価軸にできればと思います。人間というのはつくる生き物だといつも感じているので、みなさんがどのようにつくるのか、どのように人と関係性を築いていくのかに興味があります。つくるというのは、例えば風景でも建築でも制作したみなさんが何を信じたいと思ったのか、信念がどこにあるのかを評価しました。今回の作品の中で、実現された風景を見たいと思った作品がいくつかあります。一つ目がID125「いとなみ横丁」です。住宅一つで世界がどう変わるのかをすごく綿密に設計されているような気がして、個人的にすごく見てみたい、体験してみたいと思えました。二つ目がID131「岡崎田んぼ再興」。岡崎の花火に関してなど、制作者が見たい風景に対する強烈なビジョンを持っていたのでそこが評価できると思いました。そして、ID158「都市風景葬」。これに関しては、地域とは何なのか誰のものなのかを非常に考えさせられるプロジェクトだと思いました。公開審査の12作品に選ばれていませんが、ID104「地方観光都市における観光客と住民のための『街図書館化計画』」という街の中に図書館が広がっていくようなプロジェクト、ID114「りんご栽培と建築」のりんご栽培の建物、ID121「牧童が口ずさむ舎」の牛舎、ID152「Inter-change MARKET」の流通をテーマにしたマーケットという作品にも非常に好感を持ちました。

恒川　ここから徐々に作品を絞っていきたいと思います。ID158「都市風景葬」から始めましょう。気になる点などを学生へ問いかけていただこうと思います。

●ID158 谷口舜
×審査員4人全員

齊藤　そもそも建築とは何かという話になるかと思いますが、今日はその議論は置いておき、「都市風景葬」というタイトルがすごいと思いました。「葬」から言いたいことがシンプルに伝わる。最終的にどうなるかは別として、概念だけであってもすごく強いアイデア。例えば葬式や墓というティピカルな存在でなくてはいけないということもなく成立してしまう。自分の生きてきたモニュメントを置いていくのも都市風景になるのかもしれないですが、そういう概念が際立っている。ブランドとして素晴らしく感服しました。

安東　良い作品だと思います。生きていると自分を中心に考えるかもしれませんが、死ぬと自分ではなく周りの人がその人をどう思うか、どう思い出していくかという概念に急に変わりますよね。その時に、もしかしたら他者がその風景にまだいてくれるかもしれないということを思わせてくれるような、いろいろなことを考えさせられる。

原田　この作品はおそらくプロセスが非常に重要なのではないでしょうか。例えば私が死ぬとなった時にどうやって都市の風景になるのか。プロセスそのものの設計を、もし谷口さんが何か考えているのなら共有してもらいたいです。

谷口　病院などで死ぬ間際となった時に、自分が一番欲するものは日常だということに気づきました。それに気づいた時に、日常がもう手に入らないという人たちの救いになりたいと思いました。病室でどういうことを考えていたのか、どういう過ごし方をしていたのか、どういう人たちと関わっていたのかを最期に話してもらうことが、その人たちの救いにもなって欲しい。その後、その空間の中で最も重要になっているオブジェクトがあるはずなので、それを見つけ出すという作業が建築をする人のセンスによって生まれるのを想定しています。それをもとに空間の中

にあるオブジェクトをいくつか立てて、一つの空間を連続させて、その中から空間を独立させるという行為が都市風景葬になります。

原田　私もそれがすごく重要だと思います。ある種の医療的な体験ができるということですよね。医療行為ではないのですが、建築家やデザイナーがそういう方とコミュニケーションを取ることで、病院の味気ない白い天井を見て死を意識した時に、ある種の街の風景と病室が混じり合い、自分が何を愛していたのかを想像させる非常に面白いプロジェクトだと感じています。

深堀　友人の旦那さんがアーティストだったのですが亡くなりまして、亡くなられた後に展覧会が開催されました。寝たきりの時に何故か描かれた絵は、明るい色調でコンセントや携帯など病室内の自分の見られる風景を描いていました。寝たきりで動けなくなっていましたが、動ける私たちよりいろいろなものが見えていると感じて心打たれました。この作品はそれに通じるところがあります。最期に残したい風景や個人の思い浮かべる思い出の風景などに共感させられました。

●ID125　山田明日香
×深堀先生×齊藤先生×原田先生

齊藤　住宅としての佇まいが素晴らしい造形となっていて、プロのような腕前ですごく良くできています。ただ、卒業設計では戸建ての規模の作品はあまり出ないのですが、都市に開かれた住宅としてすごく実験的な空間で、ものすごく核心を捉えているのですが、審査員の先生方はその辺りをどう思われていますか？

原田　商業的な空間だけでなく、住宅であるにも関わらず公共性が潜んでいるというのは、設計した本人にもそういう意識があったのではないかと思いますが、いかがでしょうか？

山田　公共性を孕んでいるという話ですが、私も卒業設計なので街単位で考えたり、大きな道を通していく都市計画的なものをつくったり、いろいろ考えました。そのうえで、最終的に住宅の構成に落ち着きました。理由は、やはり行政的な、上からの視点で新しい人のための場所をつくるというよりも、ここに住んでいる人たちの生活の気配のようなものが一緒に出てくるような、みんなのための場所が街の中に広がることが一番重要だと思い、住宅の構成を変えるという考えにたどり着きました。現状の住宅だと外を見る気もなく、外からも見られないような窓の開け方や外壁のつくり方をしていると思いますが、この作品は、自分の所有する敷地内に他者が入ることを受け止めるという新しい考え方を取り入れ、関係性を隔てる壁ではなく関係性をつくりながら、自分もこの街に住んでいるという意識を持ちながら暮らすという住宅の構成になっています。抜け道を歩く人がここにはこういう人が住んでいるんだという新しい体験ができ、この家に住む人も周りに住む人の暮らしも変えていくような住宅が今後必要になると考えました。質問の答えにはなっていないかもしれませんが……。

原田　すごくわかりやすかったです。土地を買うと自分や家族のためのものと思い込んでしまいますが、実は小さい公開空地がたくさんあるということだと思うので、この考え方が徐々に伝わっていくのがすごく楽しみだと思いました。

深堀　これは治安が良くないと成立しない作品ですね。アメリカでやるのは難しい。治安が良くないと、このアイデアはできない。

山田　そうですね。山村地域や漁村などの街としての結束力が強い集落のような場所であれば、私有地でも隣家の人が通り抜けるのは当然起こることだと思うのですが、それはやはり信頼があるからです。都市でそれができない理由は、周りにどのような人が住んでいるかがわからないとか、住んでいる街のことを知らないというのが一番大きな理由だと思います。セキュリティの問題もまだありますが、このような家が増えていくことで周りにどのような人が住んでいるかがわかる街になり、自分たちが街の一員であることを認識するようになっていくと思います。この住宅がそのきっかけになればいいなと思います。

●●●ID148 坂口雄亮
×安東先生
安東　少し異色な作品ですが、非常に大事なメッセージ性がありますよね。このようなアイデアや思いつきというのは、もしかしたら誰もがアイデアに至る前のきっかけのようなものは持っているかもしれませんが、アイデアに向かってきっちりつくり込んでいるのがすごく説得力がありました。朽ちていくものを描くというのは、汚く描くのではなく何か意味があるような、心に残るような情景などを描かないとなかなか伝わりませんが、この作品は非常にきれいにまとめられている。もちろん強いメッセージを持っていると同時に完成度が高いと感じました。

恒川　空間的に何をデザインしているのかという批判的な意見を持っている方もいると思いますが、本日の審査員からはありませんでしたね。何をデザインしたのか本人に聞いてみましょうか?

坂口　空間自体は時間の変化とともに常に変化し続けるべきであり、常に変化しているものでもあると思っているので、その空間に対して長い目で見た時に空間をデザインすることは僕にはできないと思っています。その代わり、崩壊を引き起こすための操作のようなものを設計しています。それを12個設計しているのですが、すべて重機などを使わずに自分たち人間の手で行えるような範疇のものをデザインしています。

●●●ID154 藤原未来
×深堀先生×原田先生
原田　段階的にどんどん減縮していき、最終的には都市公園のようなものになるというプログラムだと思うのですが、その間をきちんとデザインしている印象でした。最後の公園になった時の姿はあまり描かれていないように感じられたので、ビジョンがあれば教えて欲しいです。

藤原　ID148「静かなる自然の侵略」の作品と少し似ているところがあるのですが、例えば今回の設計で挿入した複合機能の中にカフェを入れていて、人が使う部分も残りながら何か朽ち果てた躯体のようなものが残っていて、その中に自然が溢れる都市空間のような場所を考えています。

原田　その朽ちる美意識を感じるポイントはみんなそれぞれ持っていると思うし、日本人は昔から朽ちることに対して美しさを感じていたと思いますが、まさかRC造の朽ちた状態を美しいと思うようなことは江戸時代にはなかったと思うのです。けれど、今何かしらの魅力を感じている。その感情はどういうところからきているのか、それを聞きたいです。

藤原　自然や雄大な風景などが個人的に好きなのですが、人はもういないけれど誰かが住んでいたのがわかるような、歴史を感じられるようなところにも魅力を感じています。これからの時代的に人口が減少して人がいなくなり、技術の発展によっていろいろなものを建てたりつくったりしていくなかで、それらもどんどん収束していく時期に入ると思います。それが最終的に自然と融合したら美しいのではないかと思いました。

深堀　今年は東日本大震災が起こって10年ですが、いまだに入ることができない街があるし、現地を見に行った方もいるかと思います。ずっと人が住まないと草がたくさん生えてくるとか、震災時のまま街の時が止まっているのを見て、みなさんはすごくいろいろなことを考えた世代だと思います。住んでいる人の気持ちと客観的に見る自分との境目をよく考えて、住人側の気持ちになるのは大事だと思います。例えば団地に住んでいる人の場合、下の減築が来月決まったという通知が来た時の恐怖。その時の気持ちはどうなのだろうか、寂しさだけが残るのか、希望を感じるのか。それはわかりませんが、建築家の人たちもこれから考えていくべきではないかと思いました。

恒川　優秀賞をそろそろ決めたいと思います。審査員の方は1作品を選んでください。

原田　私はID158「都市風景葬」です。選んだ理由は先ほど話したように、例えばこの後街を出た瞬間に白線になりたいとか、ガードレールになりたいとか、そのようなことを想起させるのが重要ではないかという点です。あとは先ほども話したプロセスで、医療のことにきちんと介入していける、薬ではないもう一つの死を迎える方法を、本人の体験を通してきちんとデザインしている点が評価できると思いました。

齊藤　私たちは明日の審査員とは違う、少し多角的な面から建築を見るという設定で審査をしています。ただ、みなさんは建築を学んで来た学生なので、何か新しいものをつくって欲しいと個人的には思っています。何かを壊すことで物をつくるのであり、何かをなくすことで新しい空間や概念をつくり出していく、それはデジタルではなくても構いません。思想の中の空間でももちろんいいし、いろいろな思想が広まっていくことも空間づくりの一つではないかと私は捉えています。最優秀賞ですが、ID125「いとなみ横丁」とID158「都市風景葬」で迷っています。「いとなみ横丁」は住宅というすごく狭いところから、世界を広げる可能性に満ちています。一方で「都市風景葬」はもう建築ですらないですが、もしかしたら4次元や5次元の私が知覚できないような世界を、建築の世界に引き戻してくれた作品だと思っています。まだ、2つのどちらかを選ぶのに迷っています（笑）。

深堀　私がアーティストだから思うのでしょうが、建築はデザインで括っていいのだろうか、本当はアートの部分も必要なのではないだろうか。アートの部分というのは、車のハンドルでいうところのハンドリングではなく、ハンドルの遊びの部分に該当します。ハンドルには、デザインであるハンドリングとともに、遊びの部分が絶対必要で、遊びがないと危険です。建築はアートとデザインの融合を一番体感できるものだと思っていますので、みなさんの今後に期待しています。それで、私はID158「都市風景葬」を選びました。

安東　非常に悩みますが、今回の最優秀賞はID158「都市風景葬」ではないかと思います。何故かというと、デザインしていくことで建築や空間、人を結んでいる作品だと感じました。もう一つ言えるのは、いろいろなものを客観的に淡々とつくろうとしていますが、それをつくるにはある意味すごく強い想いがないとつくれない。どこか俯瞰して自分の作品をきちんと見ることが作品の精度を決めることだし、この作品は愛というか、何か少し突き抜けているように感じます。建物の空間だけでなく、そこの空気や人間が生きていることも土地の中にきっちり込められていて、死も生であるというようにいろいろな想いが込められていて非常に良かったです。

恒川　齊藤さんも2作品のうちの1作品に選ばれていましたので、最優秀賞はID158の谷口さんということでみなさんよろしいでしょうか。谷口さん、おめでとうございます。それでは、個人賞の発表と少しコメントをお願いしたいと思います。

安東　2作品くらいで迷ったのですが、個人賞はID110「都市の残影」の渡邉拓也さんへ。審査の始めに話を少ししましたが、すごくきれいで良い作品だと思いました。私は建築の勉強をしていないのですが、建築は専門的に学んでいなくても誰でも共有できるものだと思っています。渡邉さんは街の中に好きな壁を見つけて、そこからあのようなきれいな作品をつくっているのが良かったです。

深堀　渡邉さんがグラフィティを描く時には私の金魚の作品を描いてくださいね（笑）。あと、バンクシーにもお願いしましょう。私はID148「静かなる自然の侵略」坂口雄亮さんに個人賞を贈ります。私のアトリエ前にある築50年以上の団地が朽ちていく様を見て、朽ちるとは何かをいつも考えていたのですが、それに対する考えをこのような場で見せられるとは思っていませんでした。他の作品と違い、建築家というよりもアーティスト寄りの考えでしたね。ID154「減築による若里団地の再生」もアーティスト寄りの作品だと思いました。これらの考えが今後の建築界の発展につながると面白いと思いました。

齊藤　最終投票で2作品を選ぶ際にID125「いとなみ横丁」を挙げましたが、おそらくこの作品は2日目の建築家の先生が票を入れてくれると思います。ということで、私の個人賞は、ID154「減築による若里団地の再生」の藤原未来さんでお願いします。理由はシンプルで、ファサードの造形力が圧倒的に素晴らしかったという点に尽きます。一目見てわかる綺麗な造形をつくりきるのは実はなかなか難しいことで、造形力で勝負できている作品が少なかったと思います。完全な形で固定軸を入れているファサードがありましたので、この作品を個人賞とさせていただきます。

原田　ID125「いとなみ横丁」の山田明日香さんを、最優秀賞ではないなら優秀賞にはできないのですか？　私も個人賞は違う作品なのですが、「いとなみ横丁」は最優秀の候補としてすごく悩んだ作品です。優秀賞を新設できるのであれば、山田さんをお願いします。それで、個人賞はID131「岡崎田んぼ再興」芝村有紗さんです。岡崎の田んぼの再興プロジェクトな

のですが、本人だけでなく、おそらく周辺の人たちの原風景に対して、圧倒的に一番もがいてつくった感じがしました。デザイナーというのは、つくってもがく姿を見せないといけません。そこにどうやってもう一回改めて新たな営みをつくるか、どのように一緒にもがいていけばいいのか。そして、建築を1つの装置として捉えて春夏秋冬をきちんと設計しているのが非常に評価できました。

恒川　ということで急遽、優秀賞という賞ができました。ID125の山田明日香さんもおめでとうございます。全ての賞が確定いたしました。みなさんおめでとうございます。

2021 年 3 月 24 日（水）

The 2nd day of NAGOYA Archi Fes 2021

　個人プレゼンと質疑応答を経て、審査員が 8 名をセレクト。そのファイナリストたちが改めて各 3 分のプレゼンを行ない、さらに審査員とのディスカッションを実施した。
　審査員の経験からの語りあり、叱咤激励あり、終始活発な意見交換の場に。最優秀賞、優秀賞、個人賞が決定し、表彰式では握手ではなく "肘タッチ" が行なわれた。

　「with」というコンセプトを掲げた本大会。出展者、審査員、来場者、実行委員それぞれが、より良い関わりを見せた結果、素晴らしい一体感が生まれたのではないだろうか。

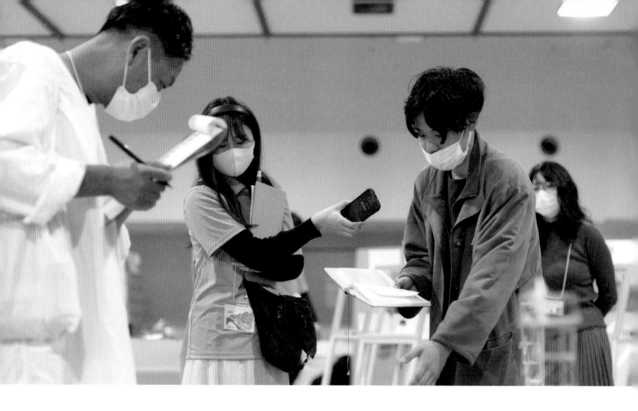

プレゼンテーション & 質疑応答

Presentation, Question and Answer Session

[安東陽子賞(1日目)/中川エリカ賞(2日目)]

Project

都市の残影
—空白を紡ぐミュージアム—

ID110

渡邉 拓也 Takuya Watanabe

[名城大学]

▶ P.84

💬 ID110 渡邉拓也
×木村先生

木村　面白いと思いました。細長い建物が建物と建物の隙間に入り、建築の外観が見えないような、ファサードがなくてインテリアしかないような卒業制作がたまにありますが、この作品はファサードが形として具体的に見えていますね。ファサードが主張していないようで、すごく主張しているような感じがしますが、全体的に見えるようにつくっているのですね。

渡邉　見えるようにつくっています。短い壁にも色付けしてどこをどう見せたいのかをすべて選択してから設計しました。

木村　グラフィティはもともと街の中で見えるもので、その愛で方を考えるというか、見るための視点場を考えているのだと思うのですが、未だ発見されていないものを発見しにいく建築というアイデアなどはなかったのですか？

渡邉　ここのもうすぐ解体される建物から、こちらへどんどん繋がっていくので、そのために余白を持たせてつくっています。

木村　途中で止めているということですか？

渡邉　そうです。これらがどんどん繋がりどんどん街に建っていくのですが、もし建物がなくなってしまった場合は、この壁自体にグラフィティというアートの文化が根付いているので、自分たちでこの側面に

アートを描けるという機能を与え、新しい建物が建つと壁にアートが描かれていくということです。最終的にこの建物がなくなる時に、その描かれた建物のグラフィティが表れます。この建物をミュージアムと言っていたところから、街全体が博物館になっていく。

木村　わかってきました。こちらは何ですか?

渡邉　側面にパイプのようなものが並んでいるのですが、側面だから結構ずれているにも関わらず、このずれが普通のファサードでは表れないので、この作品ではパイプのずれが生じつつ上に空が広がっているという風景で表現しました。

木村　要は、このずれに注目しているということですね?

渡邉　そうです。部分的に見たいので、このようにして見ると良いというのを表現しています。

×中山先生

中山　壁ではないところはどうなっているのですか?

渡邉　壁を見るための機能に付属して、グラフィティを描く機能を入れています。

中山　この辺りはグラフィティのコーナーなのですね。

渡邉　はい。この街全体に隠れたグラフィティが点在していて、隠れたグラフィティ、アートの街のようになっています。この辺りに描くのですが、新しく建ってしまった建物などにも自分でグラフィティを描いていき、この建物がもしなくなった時に、その描いたグラフィティが出てくるのです。

中山　リーガルにグラフィティができるようになるということだけれど、そこは微妙ですね。グラフィティをしている人たちというのは、自由にグラフィティができる空間を差し出されると、反発しそう。

渡邉　確かにそうかもしれませんね。

中山　グラフィティはどうぞと言われてやるものではないと思います。社会に対する怒りの発露なわけですから。自分たちには自分たちのルールがあり、大人が決めたルールとは違うというようなメッセージ性もあるのだと思います。そういうことに対するシンパシーなどはあるのですか?

渡邉　もともと治安がよくないエリアなので、自由に描けるように整

備しないと人が来ないということもあり、その点を考えて設計しました。

中山　本当に荒れているエリアなのですね。

渡邉　この辺りは本当に危ないエリアですね。夜にグラフィティが描かれることが多いのですが、当日の朝見てから翌日の朝に行くと、夜の間にグラフィティが増えたり変わったりして日常的にどんどんアートが変化するという面白さがあり、治安の悪さとリンクしていると思っています。

中山　なるほど。その辺は結構重要ですね。あの大きい壁についている構造物は何のための形状なのですか?

渡邉　ここに排気のパイプのようなものが3つ連続で並んでいるのですが、側面だからおそらくそれほど気にせずにつくられているので、それがどんどんずれていき、そのずれている面白さがこの側面――。

中山　それをフレーミングして見せる?

渡邉　はい。見せて、その上に空が広がっているという構成です。

中山　ここはどのようなパースになっているのですか?

渡邉　ここでは表現しきれていません。

中山　それがあると、何のためにこの形があるのかわかりやすかったかもしれませんね。その辺がポイントだと思います。

［最優秀賞(2日目)］

Project

りんご栽培と建築

―石垣と枝がらみから始まる有旅の耕作放棄地の再生―

ID114

酒向 正都　Masato Sako

［信州大学］

▶P.60

●●● ID114 酒向正都

×中川先生

中川　観光客が来るといった、農家の人以外も利用するイメージですか?

酒向　基本は高齢農家のための建築なのですが、できれば、新たにリンゴカフェやお酒のプログラムを入れることによって収入を得られたらと考えています。

×木村先生

木村　この辺りはどうなっているのですか?

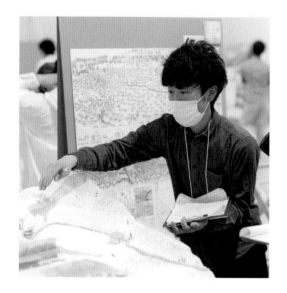

酒向　この辺りは単管パイプを用いて新農法を実験的に行うためのものです。

木村　特徴的な斜めの柱は、どのように考えたのですか？

酒向　敷地周辺は木材をよく使っている地域で、敷地調査の際に、車庫や住宅にも木材が非常に使われているように感じたので、その力強い木材をどうにか使いたいと思い、一番に目立たせたいという意味で使っています。

木村　グリッドやモジュールは？

酒向　モジュールは、新農法のリンゴ栽培に合わせて3,500mmをグリッドにしています。育苗ハウスや選果場もそれを基準につくっていますが、基本列間のスパンについては、軽トラの大きさや小さなリンゴコンテナの大きさ、稲の栽培に使う育苗箱などがうまくコンテナに収まるよう設計しています。

木村　コンテナのサイズとその3,500mmというモジュールの関係は？

酒向　木の高さを3,500mmくらいにして、日光がリンゴ全体に行き渡るように、影が落ちても後ろのリンゴに日が当たるよう3,500mmのモジュールにしています。

木村　なるほど、1.5の倍数で全部できているということですか？

酒向　そうです。一番小さいモジュールが1.5になっています。

×中山先生

中山　リンゴ栽培に何故興味を持ったのですか？

酒向　近くにリンゴ畑があることからです。

中山　実家がリンゴ栽培をしているわけではないのですね。

酒向　そうです。

中山　自己判断として、この案はどの程度リアリティがあると思いますか？例えば、先ほどの炭で土壌を改良する方法は、土壌の中性化をしようとしているということですよね。

酒向　この土地の水の流れを改善するために、近くの酒屋の方が炭を利用していると聞き、この作品に取り入れようと思いました。

中山　全体のリアリティについては、自分的に実現できる確信のようなものはありますか？

酒向　そのつもりでやってきました。

中山　その凄みが大事ですね。

［優秀賞（2日目）］
Project
見え隠れする小景
—浸透度を得たコーガ石の街並みの計画—
ID119
勝 満智子 Machiko Katsu
［名古屋大学］

▶ P.72

💬 ID119勝満智子
×中川先生

中川　これが新島ガラスなのですか？

勝　これが新島ガラスでこれがコーガ石です。80％以上ガラス質になっていて、着色しなくてもオリーブ色のガラスがつくれるようになっています。

中川　成分を抽出するのですか？

勝　成分を抽出してガラスができるので、建築におけるレイヤー状の空間に用いて、これらを再興の場として使っていきたいと考えています。また経年変化なども街並みからわかるので、新規と既存の両方で行おうと思っています。

×木村先生

木村　浸透度というのは？

勝　九州大学の教授の方の論文で、空間の奥行きを数値化して浸透度と表現していたのがわかりやすかったので今回用いました。今回の問題は、壁の連続と蔵の形状により形成された街並みによってコミュニティが分断され、中の営みなどが見えないようになっていることだと考えました。そこで、壁を少しずつずらしつつ、コーガ石がやわらかいことから住民自らが開口の位置を変えることができることを利用し、浸透度の数値的なスタディを行って設計しました。

木村　コーガ石はそれほど簡単に切れるのですか？

勝　はい。ちなみに、これは私がカッターで少しだけ刃を入れたものですが、このような跡が出来ました。住民がセルフビルドでこの街並みをつくっているのですが、例えば女性でもこの程度を1人で持てるくらい軽いので、住民だけで採石場からコーガ石を降ろしていたとい

う本当に特殊な場所です。

木村　面白いですね。

勝　現在は、それらを新たに新島ガラスとして活用することが活発になっているので、コーガ石と新島ガラスを組合せて、新島の街並みを再興していきたいと強く思っています。

木村　この石は何か他に性能があるのですか、断熱性能が高いとか。

勝　断熱性能もありますし、蔵や豚と牛の小屋などとしても使われており、それらの匂いを吸収する機能もあります。保温の効果もあるので、風呂場などにもよく使われていました。現地でそれらを見せてもらったのですが、色味などもすごくきれいになっていました。

木村　経年劣化するとどのようになるのですか？

勝　経年劣化すると、この写真のように石によって色味が少しずつ変わっていきます。新規のものは灰白色で、石ごとに色味が少し異なるので、並べた時に単色ではなくて色ムラが生まれます。コーガ石は島の小学生が工作に使用することもあり、住民に親しまれています。

×中山先生

勝　屋根が3層などになっているので、ハイサイドライトや壁の部分に開口を開けて新島ガラスをはめ込む際に浸透度を使用しています。この石からこれらのガラスが出来るので、同じ素材のものが——。

中山　それも面白いと思いました。模型などには表現されていないのですよね？

勝　模型表現には入っていないです。

中山　つくったものが使われていくわけですよね。この中央のものは既存ですか？

勝　はい。中央のものは4色の構成になっており、青色の部分が既存のものになっています。この既存の経年劣化している、色合いの変わっているコーガ石に対して、新規のコーガ石や新島ガラスの開口部のあるもので囲うようにして配置しています。それが浸透度によって——。

中山　浸透度とは、オリジナルの言葉なのですか？

勝　浸透度は九州大学の方が論文として書かれていたものです。そこで使われていた計算式を使いました。見えた時の入りやすさを表

すもので、例えばこの石の連続性によって中に入れなかったり見えなかったりしているので、この仕組みを崩しつつこの街並みを残していきたいと思い、中に入れたり、「見る/見られる」の関係が生まれたりを数値的にスタディするのに用いらせていただきました。

中山　それを参考にして空間構成に応用しているのですね。

勝　はい、これを空間に落とし込んでいます。

中山　やっとわかりました。そこが聞きたかったです。

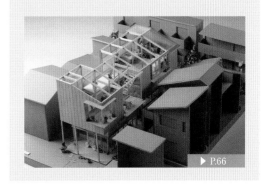

［優秀賞(1日目)／木村吉成賞(2日目)］
Project
いとなみ横丁
―私有地の供出による郊外居住地域の再編―
ID125
山田 明日香 Asuka Yamada
［名城大学］

▶P.66

▶P.66

💬 ID125山田明日香
×木村先生

木村　こちらの建物の説明を聞きたいです。

山田　密集地で横が空地の場合、もっと街との距離感が近くなれると思ったので、外壁をいじる概念を加えてつくった壁を積層させてバッファーのような空間をつくりました。軒下まで入ってくると2階まで視線が抜けるのですが、これは仲の良い人や家族が通り抜けるのには障壁とはならないのですが、他人からするとあと一歩踏み込みづらい。そういう面でセキュリティを確保しています。街の中に仲の良い人が増えていくと、軒下の抜け道を通っても良い家が増えるというように、家も街の人と成長していくような未来を一緒に描いていけたらと思います。

木村　街へ完全に開放しているわけではなく、ある程度敷居を設けて、そこを越えることで関係が深まるようになっているということですか？ この提案で一番重要なのはプライバシーをどう守るかです。ただ開くだけの家をたくさんつくったところで意味がないと思っています。敷地を2つ選んでいますが、他にも候補はありましたか？ 何か目的を持って空いているところを探したのですか？

山田　この辺はもともと長屋が多い土地で、分割されて間口が狭く奥に長いという敷地がたくさんあります。それに対して周辺が密集しているところと、横が駐車場になっているところの2パターンで設計

しました。

木村　間口と奥行きの関係がここだと反転してしまうのですね。接道はどうなっているのですか?

山田　旗竿敷地になっています。

×中山先生

中山　卒業制作に、どうしてこのような小さいものを選んだのですか?

山田　この都市の居住地域のようなものを変えたいと思った時に、もう少し街単位や、行政的、都市計画的に新しい道をつくるようなこともいろいろ考えました。でも、そこに住んでいる人の生活の気配のようなものが同時に見えてくるような人のための場所ができることが一番重要ではないかと思い、住宅をテーマに選びました。

中山　住宅を設計したかったということではないのですか?

山田　それもあります。

中山　住宅雑誌などを見て、住宅の設計をしたいという想いがすごく強かったわけではないのですか?

山田　スタート時は、もっと小さい居場所を街に点在させるとか、いろいろなことを考えていました。住宅をつくるのではなく、家の機能を分散させるといったことです。そのような考えからスタートしたのですが、家の機能を分散させるというよりは個人の家をもう少し街に開くようなことが必要ではないかと思うようになりました。

中山　木造スパンのセオリーなど、住宅設計としてのクオリティをここまで突き詰めて考えたのはすごいと思いました。これらは少しずつ積み上げて学びながらつくったのですか?

山田　そうですね。でも、住宅特集をたくさん読み込んで、いろいろな作品を参考にしました。

中山　それは自分にとってどうでした、何が面白かったですか?

山田　住宅は一番身近な建物だと思いますが、この小さなもので街をこれほど大きく変えられる可能性があるということを考えられたというか、この一軒しかつくっていませんが、その先の未来まで考えられたというか。そこに気付けたのがやはり住宅は面白いなと思いました。

中山　コンセプトなどをカッコ良く述べるのも大事だけど、建築の勉強をして面白かったからこれを使ってみたいという、今のような自然

な言葉で気持ちを話すと意外にすごく伝わるよね。その辺りが気になっていたので聞けて良かったです。

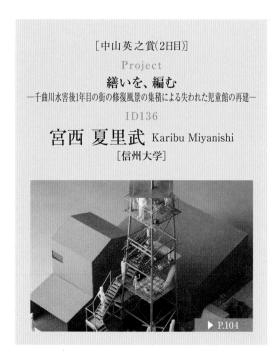

[中山英之賞(2日目)]
Project
繕いを、編む
—千曲川水害後1年目の街の修復風景の集積による失われた児童館の再建—
ID136
宮西 夏里武 Karibu Miyanishi
[信州大学]

▶ P.104

●●●ID136宮西夏里武
×中川先生

中川　この火の見櫓は既存ということですか?

宮西　そうです。

中川　繕ってリノベーションして児童館にするということ?

宮西　はい。修繕で残ったものを使うのですが、それらを1つの建物にたくさん集めることによって大きな1個の建築をつくるということをしています。

×中山先生

中山　被災地が大学の近くだったのに何もできなかった無力感からなんとかしたいという想いで考えたのですか?

宮西　そうですね、敷地のすぐ近くで勉強をしていたのに、普通の設計製図の授業に取り組んでいるだけなのが自分の中ですごく葛藤がありました。

中山　これは心の問題だとは思うのですが、ディテールや寸法、構成などにその時の実体験が生かされていることはありますか?

宮西　この街にはリンゴ農家が多くて、災害ごみが出た時も軽トラックにごみを載せて近隣の公園にとりあえず運ぶということをずっとしていました。トラックに載るスケールとして、おおよそ2mの角材やシートなどの素材だったら、火の見櫓に自分たちで素材を集めることができると思ったので、そういった筋交いに使うような木材やカーテンのようなものを積極的に集めるような設計をしました。

中山　この設計はこれらの修復が一度落ち着いてから、平時に行うプロジェクトですよね?

宮西　そうですね。

中山　お祭りのようなものは何のために行われているのですか、有事ではないですよね？

宮西　今はまだ被災中なので、とりあえず子どもたちが遊べるような場所を計画しています。

中山　なるほど。それにしては、これは少しスケールが大き過ぎるのでは？

宮西　模型の最終段階として、建築が必要になった時の提案をしています。

中山　つまり、もっと長いスパンで考えているということですね？　なるほど。だから、これは軽トラのスケールではないのですね。逆に、この長いスパンで設計することに対して、軽トラとは別に自分の経験をどのように表現しているのですか？

宮西　これは少し諦めも入っているのかもしれませんが、これくらいのスケールのものをつくるとなった時に、仮囲いをして人々が参加できるような余白というものが僕はどうしても見つけられませんでした。それで、この場所がメインの大きな地域なのですが、今は何もなく鉄骨だけの状態なので、とりあえず集落として火の見櫓の代わりになるような本体を建築側が設計しなくてはいけないと思いました。そのために一度解体したものを集めて解体ごみを埋め立てて──。

中山　では、スタートアップ拠点みたいな感じなのですか？

宮西　そうです。

中山　ということは、機能よりも気持ちの占める割合が大きいのですね。

宮西　そうですね。

中山　非常時に上に逃げるための階段ではないかと思っていました。

宮西　それももちろんあります。

中山　全部流されそうな弱い材料だから、確固たるみんなの拠点をつくろうというわけでもなく、一体何のためなのかがよくわかりませんでした。その辺りをどうわかってもらうのかが重要なのでしょうね。

[優秀賞（2日目）]

Project

多様な感受を包容するすまい

ID151

伊藤 雄大 Yudai Ito

[信州大学]

▶ P.78

●●● ID151伊藤雄大

×中川先生

中川　何人くらいが住むのですか？

伊藤　最大で61戸なのですが、2つのボックスで最低限の生活ができるようになっていて、そのボックスを増やしたりくっつけたりできるようなシステムになっています。

中川　61戸の時は、1戸あたり1人なのですか？

伊藤　1戸あたり2人までです。

×岩月先生

岩月　このスロープはどのような使われ方をするのですか？

伊藤　最初の動線計画の時に街を集約したような形をイメージしていたので、中が路地的な立体路地動線になっています。中には資材と人を運ぶエレベーターがあって資材系の動線となり、階段などの外に付いているものは人の動線というイメージで付けました。

岩月　これは車ですか？

伊藤　車は通れないです。階段で運べないようなものは滑車などでフロアに上げています。

岩月　これらの素材は街の中から抽出したのですか？

伊藤　このエリアはトタン、土壁などの蔵といった結構古いものが有名で、現在は使われなくなったものを再利用する風習があります。DIYや空き家改修がすごく盛んなので、そういったことをここでもできればいいと思っています。ここに住みたいという人が街から素材を集めてきて、街の要素がどんどんこの建物に集まっていくというイメージでつくっています。集めた素材は100個以上で、どこにどういう素材を使うかは自分で想像しながらつくりました。

岩月　長野らしさのようなものが私にはわからないのですが、どのような点が長野らしさになっているのですか？

伊藤　この場所には今は、ファサード面がゴテゴテした四角いビルが建ってしまったのですが、この辺りに残されている空き家をシェアハウスにする活動や蔵の保存活動も行われているなか、そういう個性が消えていくのが嫌で、それを残すという意味でも、長

野市の歴史がここに残っているという意味でも、長野らしさがあるのではないかと思います。

岩月 蔵というのはどれですか?

伊藤 白い部分が塗り壁を表現しています。最近長野市に公園が出来たのですが、そこにもともとあった蔵が壊されて問題になりました。それに対する風刺的な意味で、蔵と緑化をわざと近づけています。オーラルヒストリーではないですが、ここであったことを象徴的に残せたらと思っています。長野市らしい素材の話で言えば、土壁や蔵の白の漆喰塗り、腰壁を使いました。

岩月 ここに住んでいない人も来られるイメージですか?

伊藤 使用用途は住宅だけでなく、3m×3m×3mのボックスごとに借りられるようになっています。使用用途は別に何でもいいのですが、例えば1、2階をお店にするということもできますし、最近長野市ではDIYをして空き家に住みたいという人がたくさん流入しているので、そういう人たちに最初に住んでもらって2年間セルフビルドなどについて学んでもらい、その技術を他に広めてもらうというDIYの学校のようなことを体験できるような場所としての役割も持っています。

[塚本由晴賞(2日目)]
Project
せと物のまち せと者のうつわ
―陶土採掘場における土の再考―
ID155
長谷 真彩 Maaya Hase
[名古屋工業大学]

▶P.100

💬ID155長谷真彩
×中川先生

中川 この穴は何ですか?

長谷 ここの地下から氷穴風呂がつながっています。

[岩月美穂賞(2日目)]
Project
都市水景再生
ID160
沢田 雄基 Yuki Sawada
[名古屋工業大学]

▶P.108

💬ID160沢田雄基
×岩月先生

岩月 この水門は使われていないのですか?

沢田 1930年頃につくられた建物で、およそ40年は使われていましたが、今は船での運搬が少ないのでもう使われていません。

岩月 ここまでは使われているのですか?

沢田 ここまでは水が通っています。ちょうど、松重閘門の間だけ水がない状態です。

岩月 船は通っているのですか?

沢田 名古屋港まで行くのには、既存の水上交通として堀川と中川運河があります。ただ、松重閘門で分断されているので、ここをつなげることで一体となった水上交通を形成させるという計画になっています。

岩月 この周辺は川に近付ける場所としてデッキなどがありますよね。

沢田 そうですね。堀川や中川運河があまり使われなくなってから生活排水などで川が汚くなり、その影響もあって周辺の建物は川に背いて建っていることが多いです。今、名古屋市の計画でも、水辺空間の再構築のようなものが出来つつありますが、結局進んでいないという状態ではあります。そのため、これらの計画の中心というか、きっかけとなるような建築をまず松重閘門に建てるべきではないかと考えて設計しました。

岩月 それは何が背景としてあるのですか?

沢田 まず、下のほうには観光客が利用するようなショップや飲食店、そこから上層に向かって、テラスの空間や待合室のような空間を設け、さらに上のほうは、どちらかというと市民が利用するような空間で図書館のような施設やポップアップギャラリーのような施設を配置しています。

×中山先生

中山　2つの水位を調整するための1時間、船が待っているということですね。ゼネコンの商業施設のようにも見えますが、そのようなデザインにあえてしているのですか？ カッコ良くはありますが、自分としては何を設計していた時にテンションが上がったか知りたいです。

沢田　通過するのに1時間かかる中で、その1時間をどう過ごしてもらうかという点ですね。

中山　ストーリーがすごく好きなのですね。何故このような鉄骨の黒いフレームにして、このようなずれたスラブにしたのでしょうか？

沢田　ずれたスラブに関しては、水面や中の空間が見えるようにスラブの形やずれをつくっています。形については、高速道路や幹線道路で分断されている状態だったので、それをどうつなげるかというところで……。

中山　構成はすごくわかるし、やろうとしていることもすごく良いと思いますが、ここには20世紀後半から21世紀初頭にかけての人間の構造物と、もう少し昔の治水が始まった頃の意匠をまとったものがあるわけです。異なる時代の異なるインフラの考え方を互いに否定し合うように隣り合っているところに、自分のデザインを間に挟んだことに対して、自分はどのようなスタイルが必要だと考えたのかが欲しい。機能や働きだけで説明されてしまうと、何かゼネコンの説明を聞いているように感じます。もっとアーキテクトとしてこの時空に何を入れようとしているのか、心に刺さるようなワードが欲しいです。

沢田　周辺に結構大きめのビルがあるうえに高速道路もあるため、水門が全然目立っていないというか、資源として生かされていないように感じて、水門を本当に生かすにはどうしたらいいのかを考えました。

中山　それはわかります。川を否定するような騒音と利便性だけのためにつくられたストラクチャーが、あなたの建築が存在することによって結構良いものになっているのではないかと思います。ただ、これらの3つが認め合うことで新しい時代が宣言されると思うのです。そこに対して、歴史的に価値がある建造物に敬意を払うということではなく、もっとアーキテクトとしての、建築家としての力強い言葉で自分のプロジェクトを謳いあげて欲しいと思います。

公開審査

Public examination

恒川　5名の審査員の先生方より、「今回の卒業設計展に何を期待しているのか」「自分がどのような基準でファイナリストを選んだのか」をお聞きしたいです。

中川　今回に限らず卒業設計は、学生が今後建築家になる際の1つ目の作品だと思っています。自分が日ごろ感じている疑問や問題意識を1つの建築に込めるという意味で大事な一歩だと考えています。そのため、作品としてのまとまりが良いなどではなく、建築家として一歩踏み出そうとしている人を推したいと思っています。

岩月　建築の卒業設計であるので、そこに本当に建築をつくる必要性があるのかをいつも考えています。また、設計時に私が大切にしている、周辺環境を読み取るということも審査時に大切にしています。そして、作品に関連することだけでなく、それからの展開がどのようにできるか新しい発見なのかといった、期待感のある作品が良いのではないかと考えています。

木村　基本的にみなさんが見つけ出した問題意識やテーマ設定については100%肯定します。それに関しては疑問を持たないようにしています。その次にみなさんに問いたいのは、問題あるいはテーマを建築として実現していく時にそこになくてはいけない理由、ある種の

正義のようなものです。この正義を持たせてくれるのは誰かというと、自分しかいないと思います。その作品から正義や立場が表れているかを問いたい。それは建物としての精度かもしれないし熱量かもしれませんが、なんらかの形で正義を発動できている作品を評価したいと思っています。

中山　卒業制作というのは、それぞれが自分のテーマを決めて、そのテーマにどれくらい夢中になれるかという以外にはないと思います。それをコンクールとして、みんなの前で発表したり、批評されたり順位をつけられたりするというのは、また違うことなのではないかと最近は思っています。私もこのような場に呼んでいただくことが増えて、そのようなことを思うようになってきました。それで、私がみなさんから一番聞きたい言葉というのは、もちろんたくさん準備をしてすごく考え込んで何度もプレゼンを重ねてきたと思いますが、自分の建築を通じて、自分の経験の中の何を一番大事にしたかったかを捉える言葉です。コンセプトやデータ、リサーチなどの説明から離れたところで、どのような言葉で表してくれるのか。納得できるような言葉が聞けるのかどうかを私は重視しています。この後、ファイナリストが語るチャンスがあるので、たくさん出てきた言葉以外にまだ語っていない、プロジェクトの重要なところなどについての気持ちなどを聞けると嬉しいです。

塚本　実は卒業設計展の審査に参加するのは本当に久しぶりで、基本的にはあまり参加したくないのです。というのも、それぞれの学校の教育方針もありますし、卒業設計に取り組める期間の長さなども各学校によるので、先生の指導の元に1年間しっかり取り組めたのもあれば、学生だけで3ヶ月や半年くらいでつくらなくてはいけないというところもありますので、その中で比較されたくないでしょう。ただ、東京以外の地域の学生がどのように頑張っているのか見たいと思ったので、今回は参加しました。卒業設計の審査会ですが、私は卒業設計というフィルターをできるだけかけないようにして審査しています。だから審査基準は建築作品が面白いか面白くないかです。それは普通の建築を見る時と同じように見ています。卒業設計だから、そこまで厳密にしなくてもという先生もいますが、それは学生を馬鹿にしていると思います。やはり建築家として作品を提示しているのだから、出展作品を建築作品として見るのが一番大事だと思います。そのため、いくつかの構築性は求めます。建築として重力に一応抗えるようにできていても、社会的にすぐ崩壊してしまわないか、それをいつも考えて見ています。

恒川　審査員にお話いただき、視点がそれぞれ違うことがわかったかと思います。今ここに残った8作品は、審査員に6票ずつ投票いただいたなかから高得点の作品が選ばれました。先ほど先生方より審査基準の話をされましたが、一次審査で選んだ作品について、どこが良かったかをコメントいただけると、学生たちが参考になるのではないかなと思います。中山さんからお願いします。

中山　審査員それぞれが二次審査に連れてきたかった作品が1、2作品あるものの、同じ作品に投票することが多かったので、ファイナリストはすんなり決まりました。その中で特に推したのはID110「都市の残影」、ID114「りんご栽培と建築」、ID125「いとなみ横丁」。次に迷ったのはID136「繕いを、編む」。それから、ID119「見え隠れする小景」、ID160「都市水景再生」でした。その中でも私が特に話を聞いてみたかったのはID114「りんご栽培と建築」。この作品は、地上に建っている建物の姿と木の話というよりは、木が生

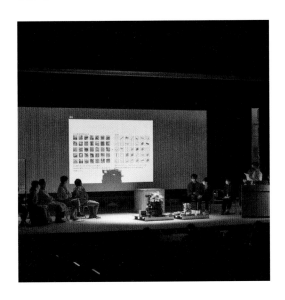

えてくるために必要な周辺の環境や土壌、その土壌を育む生態系の中に建築を置いて、植物やその加工を含めて見ているという、視野が一層分大きいところが私には頭1個抜けていると思いました。ただ、それは私が不勉強だっただけで、塚本さんは彼が参照していた参考文献も読み込まれている。その辺りの解像度で見るといろいろ粗がありますが、（参考文献を載せていないことに言及された）先ほどの質疑応答で評価が決まるのは残念なので、後ほど、リンゴ栽培の話を聞きたいです。この場所で行うという理にかなった説明ももちろん大事ですが、ずっと変えられない人間性を背負って生きていかなければならないので、審査の際には、何を大切に思う人なのかが私にとっては結構大事です。それから、先ほどの質疑にて「都市の残影」の渡邊さんにも作品に対する想いを期待して質問したところ、明快な答えが返って来ませんでした。彼の作品はもちろん落書きだけがテーマではなく、誰も見られると思っていなかった立面を改めてフレーミングして空からの光などを絞り込むと、我々はいろいろなことを感じてしまうことを伝えています。それは美しいわけではないものかもしれない、そのアンビバレントな部分が若干治安の悪くて怖そうなエリアに引き込まれることで、このエリアがどのように変化することを狙っているのか、もしくは期待しているのか。グラフィティアーティストは、ストリートは法律のためにあるのではなく自分たちのためにあるのではないかという気持ちで描いているわけです。その心意気のようなものに対して、今の時代を生きている若者として自分はどのようなシンパシーやマインドを持ってこれらを計画したのか、何か言葉が欲しいです。

木村　ファイナリストの中で私が選んだのは、ID114「りんご栽培と建築」、ID119「見え隠れする小景」、ID125「いとなみ横丁」、ID155「せと物のまち せと者のうつわ」です。その中で特にID114「りんご栽培と建築」はシートを読み込んだところ、すごく細かく考えられていて良いと思いました。また、建築を建てることは寸法を決めることでもあるので、その寸法をいかに研究したのかを私は読み取りたいのですが、モジュールについて聞くと、コンテナから決めたとか、リンゴの木の高さと影の角度から決めたなど、よく考えていて良いと思いました。

岩月　まず私が選んだのはID151「多様な感受を包容するすまい」で、高層ビルの画一性などに問題意識を持ち、高層ビルの視線の抜けや圧迫感、ヒューマンスケールの欠如など、私も日々問題意識を持っているテーマに対して、長野の街並みを分析しながら展開していき、それらを自分たちで変えていくところまで想像して構造体をつくり、仮設的な建物を乗せて更新していくのが良かったです。それから、ID160「都市水景再生」は中川運河の水門を復活させるという案です。模型がしっかりつくられていたり、川沿いを意識して気持ちの良いテラス空間ができていたりしていますが、そもそも川沿いにある水辺を掘り下げるのは大阪などのいろいろなところで見られる風景ではありますが、名古屋では見られなかったり、生かしきれていなかったりしています。この作品はこれらの環境を生かしながら建築をつくることをしており、しっかりできていると思ったので評価しました。

中川　私が票を入れたのは、ID110「都市の残影」、ID114「りんご栽培と建築」、ID119「見え隠れする小景」、ID136「繕いを、編む」、ID160「都市水景再生」です。この中で建築家としての主張をズバッと言って欲しいと期待していたのは、「都市の残影」の渡邉拓也さんです。先ほどの中山さんの質問にズバッと答えてくれたら、一押しだったのですが（笑）。また後でぜひ語っていただきたいです。私が彼の提案で感じたのは、そもそも栄グランドビジョンというエリアが空洞化していることに対する政策があり、それに対するカウンターを彼はしている。そして、グラフィティのブームがもともとあったとか、政策のためのお金が有り余っているなどが要因としてはあるかと思いますが、画一的なピカピカに整備された高層群になっていくことに対する反対意見なのだと思います。この街は一見、薄ら汚れているのだけれども、グラフィティでのささやかな記憶が溢れていて、この空洞化するところに、このささやかな構築物をつくることにより、高層の建物を建てづらくするような抑制をしていると感じました。空洞化している駐車場にこれらの建物が建つことで、グラフィティがさらに増え、駐車場ではない価値に変わる可能性があります。それにより、この街がだんだん変わっていくのではないかということを、渡邉さんはなんとなく言おうとしているようにも見えたのですが、そこはまだわかりません（笑）。一方で、投票できなかったID125「いと

なみ横丁」、ID151「多様な感受を包容するすまい」、ID155「せと物のまち せと者のうつわ」についても一応説明します。「いとなみ横丁」は設計として上手くできていると思います。ただ、「ANI house」や「MINI house」などを知っているかを、設計者である塚本さんがいらっしゃる前で話すのもどうかと思うのですが（笑）、ご本人に聞きたいと思ったところです。もちろんできているものは良いのですが、都市に対するオリジナリティとして、どのような戦略があるのかなどが気になりました。それで、ID136「繕いを、編む」は先ほど質問したのと少し似ていて、一人の建築家としては共感するし良いと思うのですが、一方で、一人の母親としては児童館というのは楽しいだけでなく、すごく切実な場所で最後のライフラインとなっている母親が結構いることを踏まえると、災害後の児童館はもっと役割が深いのではないかと思いました。「せと物のまち せと者のうつわ」は構想が良いと共感しているのですが、やはり建物の説明が少ないのが気になり、票が入れられませんでした。

塚本　まず、作品を選ぶにあたり、問題解決型の提案であることがすごく大事だと思っています。80年代の私が大学生だった頃は、問題解決は駄目だったのです。できても問題発見でした。あるいは、違う価値を示すことが大事であり、問題解決では駄目だと言われました。だけど、当時の問題と今の我々が直面している問題は全然違うわけです。だけど、建築業界やデザイン業界全般に問題解決にあまり積極的ではない高踏文化人的態度というのがあり、それを私はあまり好ましく思っていません。このような対応はもういい加減やめなくてはいけないと思っています。問題がたくさんあるのにどうしてそれにチャレンジしないのかと、いつも思っています。そのため、卒業設計を見ていても、そういう視点で選ぼうとして見ていたわけではないのですが、後で見返すと、問題解決に頑張って取り組んでいる作品は自然と気になって印をつけていますね。ただ、ファイナリストの中で私が推した6作品は、プレゼンが非常に良かったので少し見てみたいとか、頑張っているからという意味で推したものや、あるいはデザインが面白いから推したものもあります。でも、問題解決型であることから逃げないのが、実は今ものすごく我々に求められていると思います。

投票1回目

	110	114	119	125	136	151	155	160
塚本		○	○		○	○	○	△
中山	○							△
木村			○	○	○		△	
岩月						○	△	○
中川	○	○			△			○

※プレゼンテーションと質疑応答後、各審査員が投票。 2票以上得票した上記8名をファイナリストとして選出

恒川　ありがとうございます。ここからはまた作品ごとに話し合おうと思いますが、中山さんや中川さんからの問いかけがあったID110「都市の残影」渡邉さんから始めましょう。

● ID110渡邉拓也
×塚本先生×中山先生
渡邉　僕の案は、提案後にどんどん周りの建物がなくなって新しい建物が建っていくと思うのですが、その新しく建てられた建物にグラフィティを描く。それで自分の提案が朽ちてなくなった時に、描かれていたグラフィティがどんどん見えてくるという未来を思い描いています。街全体がこれらのアートで彩られた時にアートでできた街となり、街全体が自己表現できる場、自分たちでデザインをする街に変えたかったというのがあります。そして、ただ車を止めるだけの場所であった駐車場が、アートを通して街を見るための場所になったり、アートを通して人と交流するための場所になったりします。都市のスポンジ化でどんどん駐車場ができている場所が日本には数多くあると思うので、他の都市でもこのようなヴォイドがあった時に建てるだけでなく、建てなくても街を良くするための新しい都市開発というか、都市更新の指針にならないかなと思ってこの案を提唱しました。

塚本　私が理解しているグラフィティというのはほんの一部の話であり、周りの建物が壊されてパーキングになることによって露になった、今まで表に見えていなかった側面が良い具合にウェザリングされたりひびが入ったりし、意図しないでできる造形という概念、つまり限界芸術のようなものになるということ。それで、それを見るためのギャラリーというかブリッジをつくっていくという理解だったのですが、その一部にグラフィティの話がありましたよね。壁を愛でるのよりも、スケッチを描いている時が一番良いと思います。すごく良い。あのような形でスケッチを描いて、そこに何か時間の経過を読み取っていくとか、あれを基にしたあなたの創作がスケッチとして残っていく。改めて見ると実はすごくきれいで面白いというのも良いと思いますが、そこにブリッジを足していることに私はあまり魅力を感じません。ブリッジをつくると見えなくなるし、近くに寄ると何かよくわからなくなる。だから、どうしてこのような操作をしたのかがわからないというのが正直な印象で

す。あと、ミュージアムという概念と合っていない。ミュージアムというのはやはり永続性のあるものを保管し、価値を整えて人々に提供していくものとして成立しているので、キュレーションがあり、それからある種の耐久性があってしかるべきだと思います。このミュージアムという概念を安易に使っていることで、自分ですごい混乱を起こしているのではないかと思います。ミュージアムではなく、もっと別の言い方があるのではないでしょうか。そうすると、ブリッジの在り方が変わるのではないかなという印象を持ちました。

中山　実は現在、美術館やミュージアムという概念は具体的に書き換えられようとしています。そこに戦争や侵略の歴史がどうしても間に入ってしまうことに対して、今後アーカイブしたり展示したりするような場所を、協会が新たな言葉で定義し直しているというのを私も最近聞きました。まだ公認されていないそうですが、その概念は世界の多様性を保証するもので、いろいろな考え方やいろいろな表現があることを高く謳いあげている。それこそが、すでに決まった価値を守ることや保存することよりも、一番重要視しなくてはいけないことではないかという議論が今起こっています。それで、そういう概念としてのミュージアムとは何かを考えると、世界中でみんなわからなくなってしまうのです。いろいろな価値観が揺らぐ。それまで正しいと思っていた、立派な大英博物館などの価値がいよいよ揺らぐ。そして誰も価値を認めていなかったように見えた小さな個人美術館が、実は人類の未来を照らすような何かをひっそりとやっていたかもしれない。今、このような価値の大転換が本格的な議論として起こっています。そういう視点を持っていないと、とても評価が難しいナイーブな作品に見えてしまいます。ミュージアムという概念を使うとなると、面白いからみんなにも見て欲しいということではなく、それを超えるものを求められてしまう。そして、そのような問題に無意識のうちに入りこんでしまう。でもそれは悪いことではないと思います。なんとなく勘で入れた概念が、どうやら自分が想像していたよりも難しい概念に触れており、なかなか語りきれない領域に入り込んでしまうのも卒業制作の素晴らしく面白い点だと思います。そういう意味で、今ここでされている議論というのは、おそらく想像されているよりも深い。決して大げさに言おうと

しているのではなく、人類史的な問題だと思います。それを考えるための議論が私は大好きですね。

●●●ID114酒向正都
×塚本先生×中山先生×中川先生

恒川 現時点では、こちらの作品は最多の4人から投票されていますが、中川さんから推しのコメントがまだですので、コメントをいただきたいです。

中川 RCの擁壁の話についてのレファレンスがあった時に、卒業設計の段階で土壌の環境についての本をヒントに改善方法に踏み込み、通常は目に見えないものを農地だからこそ提案に取り入れた視点に共感しました。また、エコツーリズムのような提案は卒業設計に限らず実社会にもたくさんあると思うのですが、基礎をつくることに対する疑問を感じ始め、彼はエコツーリズムの所定のやり方として正しいことをやっているので推そうと思いました。

酒向 敷地の環境をどのように生かしてきたかですが、敷地を歩き回ったなかで、例えばリンゴ農場の中にスッと一本溝が通っているとか、雨の後にビニールハウスの中に水たまりができていて農家の人が悩んでいる光景などに対して、農地改善のヒントがあるのではないかと感じました。それをどのようにして伝えるか考えていた時に、『土中環境』(建築資料研究社)に出合いました。レファレンスに掲載しなかったのはよくないことだと思っているのですが、それらを言葉にしようとしました。例えば先ほどのビニールハウスの話については、石垣を中に埋め込むことで、雨の後も石垣の上が動線になるし、石垣が雨に溶けてミネラルが大地に浸透することで、農地が少しでも改善されるのではないかと思いました。

塚本 資料に記載のステップの話がよくわからなかったので、もう一度説明してください。

酒向 ステップ0で地滑りが起きやすい土地なのかを調べ、ステップ1で空気と水の循環が起こるようにすれば少しでも改善されるのではないかということで、石垣を埋め込み、縦に水を掘って枝を組み込みました。農地が改善された後にステップ2として、実験畑とそれを利用した選果場と醸造所を計画しました。ステップ3で、敷地だけでなく、

既存のリンゴも守っていくために——。

塚本 そのステップは同時進行ではできないのですか? そこの理屈を知りたいです。

酒向 耕作放棄地の改善にはすごく時間がかかると思っています。放棄地を改善するにはどのような生態系があるのか、どのような生物がいるのかを調査するところから始まると聞いて——。

塚本 例えば石垣をつくって、バサバサの砂が改善されるのにどれくらい時間がかかると想定していますか?

酒向 調べた感じだと1年半かかると思います。

塚本 それくらいになりますよね。でも、全体ではなく周りのところだけなので、もう少し時間がかかるかもしれないし、もっとたくさん材料を入れないといけないかもしれません。だから、ステップ3までいくのに何年かかるかが気になります。もう少し全体としてどうなるのかという話を展開したほうが良いかもしれません。農地に建物を建てるということですよね?

酒向 はい、耕作放棄地です。

塚本 都市の場合は空地に建築を建てても良いと思われますが、農村に行くと建物を建てられる場所はないのです。良い土地は生産のために使われるので、平で耕作ができて日当たりの良いところは避けて、縁のところに建物を建てるということになります。さらに農地だと、そこにある事物の連関の中で必要な時しか建てないのです。なので、敷地の上に建てるというよりは連関の上に建てる。その違いをもう少し建物の配置に出せたのではないでしょうか。そうはいっても全体としては、連関を考えて中に建築を建てようとしている気持ちは非常に伝わってきたので、そこは評価したいと思いました。

中山 実はこれは建築といっても、生産のための仕組みと紙一重なのです。生活のための仕組みと紙一重のものの中に、我々の都会的な体を許容してくれるようなスペースを少しつくるということです。昔になぞらえるだけでなく、もっと攻撃的に戦略的につくれてしまうかもしれないという以上に、きちんとしたリアリティとエビデンスを与えようという酒向さんの態度に私はすごく痺れました。

●●●ID119勝満智子
×塚本先生×木村先生

塚本 アイソメのような鳥瞰パースのようなものと内観パースも良いのですが、建築断面が少しダイアグラムのようで内容がしっかりしていません。他の石に比べてコーガ石が軽いとはいえ石造りなのに、重力や摩擦でできる建築のようになっています。この重さをもう少し考慮できると……実際にこれほど薄いのでしょうか?

勝 下に関しては、断面で考えると40cmくらいで、その厚さに合わせてモデリングしています。

塚本 40cmなのですか。そうなると、石の重さと石造りの時のファウンデーションはどうなのかがすごく興味があります。今だとコンクリートを入れるのですね。今建っている既存不適格の石造の建物たちの基礎などはどうなっているのですか?

勝 基礎の詳細な図面が、発表したスライドの後ろにあります。新島を10年間くらい調査している方に詳細図面などをいただき、それをもとに描いたものとなります。青の部分がいただいたもので、もともと基礎などは少し掘られて石が入っているだけの造りになっています。

塚本 その脇に木の柱を立てるのですか?

勝　木の柱は内側です。

塚本　その木の柱のためのコンクリート基礎を入れないといけないのですか？　これはBIMで描きましたか？

勝　そうです。Vectorworksで描いたデータをいただき、それに対してイラストレーターで描き足しています。

塚本　石像の重さのようなものが図面から伝わってくると、物質感が出てもっと特徴が出たのではないでしょうか。例えばオリーブ色のガラスについてとか、コーガ石を使って基本的に重力でつくられていることなど、それらの安定感のようなものがもう少し図面に出るともっと良くなると思います。それを行うための時間は今後あるのですか？

勝　まだ時間はあります。あまり時間をかけられなかったので、これからブラッシュアップしたいと思います。

塚本　是非、描き足していただければと思います。

木村　屋根のつくり方がすごく気になりました。下はすごく単純につくられているのに比べ、屋根は軽やかで、すごくきれいに製材された垂木が並び、壁と対比的につくられていますが、これで良いのでしょうか？

勝　屋根のつくり方を複雑につくったのは、それぞれの用途が周辺環境によってゾーニングされているのですが、屋根に関してはあえて対比的に用途ごとの空間をつなぐものとしてシンプルに架けています。それにより、用途ごとに空間をつなぐようなものとして捉えたかったからです。

木村　それはわかります。屋根を構成している材料は何でしょうか？

勝　屋根を構成している材料は木組みに対して、トタンの赤い屋根を架けようと思っています。その理由は、1990年頃までは新島に赤い屋根がとても多く点在していたことが新島ならではの景色につながっていたからです。赤い屋根というのは、霧や靄が発生しやすい場所でも目立ったり、安心感を与えたりするために使われていた歴史があり、そのため、昔ならではの屋根の架け方を用いました。

木村　梁は丸太のようなもので良いのではありませんか？　石の上に丸太を架けていき、上にバラ板を貼るぐらいでも良いのでは。下に対して屋根の架構が洗練され過ぎているように感じるので、あえて対比させなくても良いのではないでしょうか。

●●●ID125山田明日香
×塚本先生×木村先生

塚本　「ANI house」と「MINI house」について知っていますか？（笑）

山田　知っています（笑）。

塚本　どういう考え方か知っていますか？　私も住宅地の隙間について、隙間があるなら、それを使ってもっと良くしようと思って考えたものです。建蔽率を使いきらず、建物を小さくして3階建てにするのですが、3階建てにすると住宅地からはみ出してしまうので、半分地下に埋めて3層構成にします。すごく単純な箱にはなりますが、3層構成にして、地下1階と1、2階があって屋上という構成にします。敷地の中央くらいに建物がポツンと置いてある。そうすると周りが3m前後開くので、風も光も視線も奥まで通る。この作品は奥が抜けていないから誰も入ってきませんが、考えていることはすごく似ています。それがつながっていけばどんどん道が広がり、子どもの頃にしていたように、他人の家の境界など関係なく歩き回ることができるようになると思ってつくりました。1階に人がいると、それはそれで嫌なので、目の高さには窓はありません。だから、少し上やもっと下という配置にしました。それで、断面は一般的な家の半分くらいずれているのですが、その辺りはこの作品も意識しているのでは？　知らなくてもいいですよ（笑）、20年前の子どもの頃だから知らなくていいです。それから、山田さんの作品の道幅1mというスケール感は相当入りづらいと思います。コモンズにするにしても、なかなかコモンズにならない幅ですね。概念的には良いのかもしれないけれど、実際はかなりメンタルにバリアができてしまって、さすがに入れないと思います。

木村　シートに載せている敷地で、駐車場に面しているものもありますが、駐車場が変わると間口が広くなると思います。こちらはいろいろなところから入って来られるし、狭いところで1周と記載されているから、敷地によってつくり方は全然違うのでしょうか？　だから、ここに細い通路をつくっても同じやり方が有効ではない？こちらはすごく子どもが勝手に入ってきそうな感じがあるし、敷居が用意されていて人の関係性で超えられそうな感じもします。

●ID136宮西夏里武
×塚本先生×中山先生×岩月先生

岩月　火の見櫓についてすごく話されている印象でしたが、この火の見櫓はどのように使われるイメージなのでしょうか？ 本体となるものと、それ以外に児童館を3箇所くらいつくっていますよね。それに加えて火の見櫓があるような感じですよね。そこではどのようなことが行われるのでしょうか？

宮西　段階的な再生を考えていて、1番最後に立ち上がるものがこの作品の根幹となるものです。現在、この辺りでは児童館再生は後手にまわることが多く、児童館自体は3年後まで何もないという未来があるので、そこに対して、とりあえず最速で遊びの場をつくりたいというイメージです。それぞれの火の見櫓にそれぞれの敷地に合う用途を組合せました。ただ、最終的な本館ができあがった時にどのように使われるかについては、現在は火の見櫓自体がそもそもバス停や共同倉庫、地域のゴミ捨て場として使われているので、児童館でありながら、それらのプログラムが続いていくというか、小さな拠点として街に根付いていくようなイメージを持っています。小さな街の中にそういう拠点をつくっていく意義としては、災害ゴミというのはどうしても汚染されているので捨てなければならないのですが、解体などの緒いで生じたゴミは自分たちで処理しなくてはいけません。それらの行き場に困っているので、それらを貼り付けて、水害が起きた時に街に分散し、緒いがサイクルのように回っていくというように、小さな街の緒いとして、火の見櫓が使われていけば良いのではないかと思っています。

岩月　火の見櫓が結構高い位置で展望台のようになっているので、例えば上まで上って川を見ながら、災害についての少し教育的な話をすることができると良いなと思いました。災害との関係性にもっと触れられていると良いなと思いましたが、いかがでしょうか？

宮西　そもそも火の見櫓自体がこのような防災拠点として使われてきた歴史があるので、もちろん街を見渡したり、川の堤防の水位を見たりすることで、日常的な防災の意識というのを植え付けたいと思ってはいます。ただ、やはりまだ川に恐怖心を抱いている人もいるので、防災機能をゴリ押ししていきたいという気持ちよりかは、子どもたちがここに集まることで、子どもたちが大人になった時にこの川を見ると

いう光景をつくりたい。川を見て日常的に防災していることを意識させ、川を見る習慣がつくような街の復興の在り方を提案したいです。

中山　機能ではないんですよね？

宮西　そうです。

中山　火の見櫓のもとに集まると、何だか心がホッとする。だから、最後のものは自分でうっかり立ててしまったということですよね（笑）？ そういうことはおそらく体験した人ではないとわからないと思います。

塚本　あれはここに乗っているのがおかしいと思います。

中山　掘っ建てでつくったものはもう一度流されても良くて、自分たちでもう一度つくり直せば良いというのは、すごく感動的なコメントなのですが、塔が流されると住民たちのメンタルにダメージを与えるのではないかと心配です。これだけは他と同じようにしっかりつくるとか、どちらかというと、子供に対する教育的なツールなどから離れたウェットなものとなるのではないでしょうか。しかも人間にとってすごく必要なものだと思います。

塚本　関連していると思います。緒いを建築の問題にしようとしたのはすごく良いと思います。要するに、大量消費の時代は自分で緒うのではなく捨ててしまおうとする。ファストファッションは1年か半年着たら捨ててしまうということですが、それに対して、緒うという文化はすごく大事だと思います。それによって、自分にできる循環の構築や自分のスキルの向上などもできると思います。そういう意味で続けていくと、ID151「多様な感受を包容するすまい」の作品は、緒うというか自分でつくっている点は似ていると思う。それで、緒うことをどうやって建築でやろうとしているのかが、君たちが挑戦していることだと思います。その時に何が問題なのかをもう少し精査したほうが良い。例えば宮西くんの場合は、震災の時に生まれた考えだというのもわかるし、その後に応急処置として自分たちでやっていたものも要らなくなったら自分たちで処分しなくてはいけなくなりますよね。そういうものも含めてどうやっていくか。緒いという問題はもっとスキルと紐づけて、もっと密に考えるべきではないでしょうか。では、どういうスキルがこの街の人たちの中に蓄えられていくか、いわゆる産業としての建設との違いを示していくのかなど、そういうことも含めて考えられると良いですよね。クリストファー・アレグザンダーの本でビルダーズヤードという言葉があるのですが、まず何をつくるかとなるとビルダーズヤードをつくるべきだと。街や開墾地、村をつくるといって、道具や材料を使って何でもできる場所をつくるということです。この作品は1階にワークショップしかありませんが、実はそこが1番の見せ場になるのかもしれません。緒うこととスキルが少し組合わさると良いですね。そうすると物質循環の話になってきて、そこまで構築できると、現行の建築産業に対するオルタナティブなことをきちんと想像できるようになり、もっと力強くなると思います。

●ID151伊藤雄大
×中山先生×木村先生

中山　何かつくろうとすると、段取りの段階が結構重要となります。職人と素人の一番の違いは、段取りの手際だと思います。また、ものをつくるためには道具が必要となります。そして、実は建築の外観などはプロセスを体現している部分があります。結果の多様性を詩的に書くというよりは、例えば夜中に仕事が終わった後に丸ノコを振りたいと思っても、近所迷惑だから我慢しているお父さんもいますが、

このような建物があれば、ワークショップによって住民全体が防音壁を持っていて、中央のヤードでクラブのように音をガンガン出しても全然気にならないというようなことを、学生が描いて模型などに割り出した辺りから醍醐味がおそらく出てくる。おそらく面白さはそういうところにあります。そのようなストーリーが必要なのに、先ほどの質疑応答では、資材用のエレベーターがあるとか中にはワークショップがあるとか、語るポイントがずれていました。

木村　一見、建物の中に入っているインフィルがすべて軒に出ているのに、スケルトンのほうが出ていないのは少し違う気がする。だから、スケルトンのほうを軒に出すと、その上に人が乗れるようになるので、その上で作業できるようにするなどをしても。あるいは、インフィルの軒を出すのを例えばルール化させて、それが途切れてもいいのだけれど、何かにつたいながら上の階でも仕事ができるようにするとか。そうすると、この建物の中でのローカルなルールになる。みんなで軒はきちんと出そうとか、人がきちんと乗れるようにするとか。

中山　そうすると、賑やかな雰囲気がなくなり、思っていたのとは違くなるかもしれませんので難しいですね。

●●ID155長谷真彩
×塚本先生

塚本　問題意識として、実は大きな社会的背景につなげようとしているのは良いと思います。例えば瀬戸焼の輝かしい文化をつくる一方で、瀬戸のグランドキャニオンと呼ばれるような、陶土採掘場の跡地を生み出して地形を歪めてしまっている。そして今度はリニアモーターカーの建設工事で出る残土で埋めてしまおうという話が持ち上がっている。それは結局、近代以降の都市の活動がいろいろな形で都市以外の後背地も含めて都市であるという理論が最近よく語られているのにつながります。つまり、3.11の時に福島の原子力発電所が爆発して電気がすべて東京に送られていたことから、福島の第一原発は東京だったということなのです。東京だけでなく、東京が依存している後背地も含めて、あるいは食料は外国からほぼ輸入して自給率が40％を切っていますから、我々の都市はどこまでなのか、どこまでが都市かわからない状況です。そこを冷静に見つめ直すことが問われている時期なのではないでしょうか。そういうこともあり、この建物をここに建てることの背景に、リニアの残土を持って来させないというすごく強いメッセージがあるのは、すごく面白いと思います。全然関係ない話だけれど実は関係している。それくらい今の社会は複雑で、いろいろなことがいろいろなところでつながってしまっている。でもそれは消費という方向から見えないようにシステムはつくられている。そのため、みんなあまり痛みを意識せずに便利さや新しさを求めて消費に走るのですが、それらの仕組みが隠していることはいっぱいあり、今本当に洗いざらい出さないといけないところまで来ています。そこを踏まえてつくっているのが良くて、この作品は推しています。ただ、すでに持ち込まれている残土を使って版築するのは受け入れるべきではないように感じました。だから、残土を受け入れたいのか受け入れたくないのかもよくわからなくなりました。もう一つ言及したいのが、土に水を混ぜてこねることによって器をつくるための粘土を用意するという、一番単純な土と水の出合いのようなものを広めようとして、混合率を変えていろいろな体験ができるようにしている。それに対して最初はあまり納得していなかったのですが、意外に良いのでは

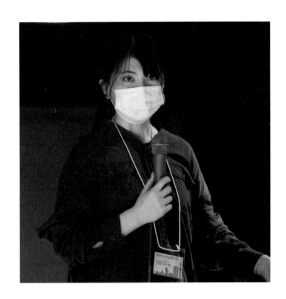

ないかと思いました。そこは良いのですが、建築が何か足りないと思います。地面を掴んでいる感じがどうしてもしない。本当はもっと地面を掴むように建って欲しいです。そういう雰囲気がまだ出ていなくて少しもったいない。

●●ID160沢田雄基
×塚本先生×中山先生

沢田　堀川や中川運河に関する歴史や木材なども計画に取り入れて考えようと思ったのですが、自分の中で堀川と中川運河を再生させるという目的が1番大きく、そういった歴史などのいろいろなものを足し算的に考えて計画していくと、自分の中で目的意識が見えなくなりました。それで、今回はシンプルに水上交通の拠点となるような建築をつくることにフォーカスをして設計しました。

塚本　少し大きいよね。松重閘門よりも小さく低くつくるとか。同じようなボキャブラリーで、デッキが水側に張り出したような造りをしていたとしても、十分あり得るのではないかな。また、2つの閘門を通し

て切る断面が欲しいですね。その向こう側にデッキがある立面があり、どのように人がそこに1時間くらい滞在していられるかがわかるものがあると良いと思いました。また、閘門の手前と向こう側を建物の中でつなぎたいのはわかるのですが、舗装道路の上につくると、閘門がおまけに見えてしまう。高速道路をまたぐ、ダイナミックな構築物をつくりたいように見えてしまう。それで、目的から重心が外れているような印象を持ちました。

中山　私は逆に、もっとダイナミックにつくったほうが良い派です。みんな思っていることが違うのがだんだんわかってきて、面白くなってきましたね。おそらく私がみんなと同じ年代の時は、明治時代くらいまでが少し古くて良いというイメージでした。だから赤レンガ倉庫などがみんな大好きでした。昭和時代は最近の話だから、ノスタルジーの対象にはなりませんでしたが、今は昭和を模した飲食店街などができ始めていますし、おそらく平成もそのようになるかと思います。だから、いつまでも水門に対してノスタルジー、高速道路は現代的という視点は遅かれ早かれ相対化されて、現代的というイメージはなくなり、たまたま隣り合っているという扱いになると思います。それは遠くない話だ

と思います。みなさんがおじいさん、おばあさんになった時にはもうエンジン付きの自動車には乗れない可能性が高い。ましてや、自分でハンドルを握れるかどうかもわからない。だから、そういう変化の過程にある2つの交通を支えているものが、たまたま隣り合っているという状態は、思っている以上に不思議な対比として今後意味を持つのではないかな。それを語ってくれると面白いだろうなとずっと思っています。でも、沢田くんはそれとはまた違うことを考えているのかもしれない。それが何かは、いまいちまだわかっていません。水上駅であること、単に使えるようになるということだけでなく、もっと野心がありそうだなと思いました。

恒川　それでは、これまでの議論を通して投票していただきたいと思います。最優秀賞1人と優秀賞2人を選ぶので、◎を1つ、○を2つで投票してください。

投票2回目

	110	114	119	125	136	151	155	160
塚本		◎	○			○		
中山	○	◎			○			
木村		◎	○			○		
岩月		◎	◎			○		
中川	○	◎			○			
合計	2	13	5	–	2	3	–	–

※◎が3点、○が1点

───────── ✦ 投票結果 ✦ ─────────

👑 最優秀賞：ID114「りんご栽培と建築」酒向 正都

👑 優秀賞：ID119「見え隠れする小景」勝 満智子
　　　　　ID151「多様な感受を包容するすまい」伊藤 雄大

👑 塚本賞：ID155「せと物のまち せと者のうつわ」長谷 真彩
👑 中山賞：ID136「繕いを、編む」宮西 夏里武
👑 木村賞：ID125「いとなみ横丁」山田 明日香
👑 岩月賞：ID160「都市水景再生」沢田 雄基
👑 中川賞：ID110「都市の残影」渡邉 拓也

恒川　ID114「りんご栽培と建築」は全員から投票されたうえ、そのうちの4名が◎ですので、最優秀賞としてよろしいでしょうか。では、その次に票が集まったID119「見え隠れする小景」、ID151「多様な感受を包容するすまい」を優秀賞とします。それでは総評をお願いします。

中川　二次審査で長時間、審査員のみなさんとディスカッションをして、出展者本人からコメントをもらうということが最近ほとんどなかったので楽しかったです。私はID114「りんご栽培と建築」に◎を投票しましたが、最初に申し上げた通り、建築家として応援したい、背中を押したいという人に票を入れました。この作品が良いと思ったのは、酒向くんの提案を見る前と後で、私の中での農業の風景に対するものの見え方が変わるかもしれないというところです。もう暗いですが、帰りの新幹線でもし農村風景の中に棚田がたくさんあったら、おそらくいろいろ思うことがある気がします。そのように人を動かすのが建築のパワーだと思うので、酒向くんの建築の提案のパワーを推したいと思いました。中川賞のID110「都市の残影」はいろいろ問題もあると思いますが、渡邉くんの提案は、あれもこれもと言葉がどんどん生まれてくるようなところがあり、そういうきっかけとしてはすごく良かったです。そういうことを引き出そうとするパワーがあるという意味で良い建築だろうと思って中川賞をあげたいと思いました。最後にもう一つ◎を投票したID136「繕いを、編む」は、児童館のことについていろいろ話しましたが、最初に少し言った通り、建築家としては良いと思っています。児童館ということを置いて、あの造形自体が街にどういうパワーをもたらすか考えると、高いので遠くから見えて安心するとか、この場所に寄り集まろうという気持ちになるとか、明確には言い表せないパワー、根源的に引き寄せられるようなパワーがある気がして、その点に票を入れたいと思いました。

岩月　まず岩月賞のID160「都市水景再生」について、名古屋にも川を利用したカフェや建物などは結構あるのですが、まだまだ川を利用し足りないし、もっと使ったら面白くなると思います。

木のデッキということで木をたくさん使っていますが、その心地良さがあると思います。課題としては、塚本さんもお話しされたように、木の利用を産業に生かす新しい拠点として、ワークショップを積極的にするなど、新しい仕組みを取り入れることも今後は考えてもらいたいです。優秀賞のID151「多様な感受を包容するすまい」は、隣に大きいマンションが建つなかで、都市の風景に対して問題意識を持ち、画一的な建物が建っているのを変えたいという想いが伝わりました。そこからの展開も楽しそうだし、いろいろな変化が見られそうなのが良かったです。ID119「見え隠れする小景」は、一次審査時に時間が足りなくて最後まで聞けなかったこともあり、審査開始時は票を入れませんでしたが、プレゼンシートを後で読み返すと、すごくいろいろなことを考えていると思いました。浸透度や選択度というファクターを用いて考えようとしている姿なども素晴らしい。屋根に関しても、すべての建物に屋根を架けると暗くなるのではと心配したのですが、ハイサイドや屋根を切り分けてつくっていたので安心しました。最優秀賞のID114「りんご栽培と建築」は土壌を変えるとか、石垣を自然なものでつくるとか、土壌やランドスケープなどに対しての知識や考え方がすごくしっかりしていて感動しました。リンゴ畑は畑だけが広がっているほうがきれいなのではないか、建物が本当にそこに必要なのか、2階建ての必要があるのか、これほどの大きさが必要なのかなどは思ったのですが、実験農法の畑が拠点となって教育が行われるのは良いと思います。都市だけでなく郊外や山の中で農業に関心のある人がすぐアクセスして知識を身につけることができるような、学校の教育だけでなく、小さい子もいろいろ見てもらえるようなところが良いと思うし、建築の大きさなどは抜きにしてリサーチ力と意気込みを評価したいと思いました。

木村　最優秀賞、優秀賞、自分の個人賞の4作品を見て考えたことがあります。ID114「りんご栽培と建築」、ID119「見え隠れする小景」のテーマ設定から、それをどのような手法で解いていくか、建築で統合してどのように落とし込むかが、抜け落ちもなくスムーズに出来ているしバランスが良い。作品の中にきちんと自分のアイデアも含まれているし、「りんご栽培と建築」、「見え隠れする小景」のどちらが1位かは優劣つけがたかったです。ID151「多様な感受を包容するすまい」は、最初は投票しなかったのですが、模型が目の前にずっとあると気になってしょうがない（笑）。ものすごく小さなアイデアなのですが、大きなことをやろうとしているのかもしれない。前者の二人にあるようなシームレスな細やかさが欠けていますが、それをどう注入していけるかは課題でもあるし、期待して票を入れようと思いました。ID125「いとなみ横丁」はいろいろなことが見えているように感じて素晴らしいと思いました。設計というのは、立案してから設計して完成させるまでに解かなければいけないことがたくさんありますが、どこかで手を抜くと駄目なのです。今の段階で学生が想像するうえで、建物はこのようにつくらないといけないというある種の誠実さというか、ものをつくるマインドがあるような気がします。ひょっとすると、規模の大きなものになった時に、そのシームレスさが失われずに進めるのかもしれないと思いました。逆に、「多様な感受を

包容するすまい」については、ぎっちり詰まっているけれど、ボコッと抜け落ちているところがあり、何か表裏一体な感じがしました。そういう点が対称的な4作品だと思いました。

中山　審査員という立場で誰かを評価するのは、自分の評価軸を大きな声で世間に表明する意味もあるので、審査員を務めるのは実は緊張します。今日は塚本さんがおっしゃった「問題解決から逃げるな」という局面に私たちはいるのでしょう。この言葉を聞けただけでも参加した意味がありました。この会場を出たら、みなさんは審査する側、審査される側という垣根を越えて、混沌とした世界に投げ出されます。建築とは、わからない世界に対して自分なりの言葉を探し出すのに素晴らしい学問です。大変な仕事であると同時に、一生手放さなければ世界が自分の元に転がり込んでくるという、魅力的な仕事でもあります。みなさんもこれから一緒に混沌とした世界を旅しましょう。

塚本　「問題解決から逃げるな」と言ったもう一つの理由は、自分たちの手持ちの札だけではできないからです。問題にぶち当たってチャレンジすると、自分たちの持っているスキルや知識だけでは解けないことがたくさんあります。そこにもう少し建築を投げ込んだらどうだろうかということです。そうすると、たくさん枝分かれしている学問や分野をつなげるプラットフォームのようなものになっていくと良いと思います。その意味も込めて問題解決型をもう一度見直そうということです。受賞作品についてはすでにたくさん話したので十分かと思いますが、出展作品から拾い上げられなかったものとして、心の問題を卒業設計でつくろうとしていた人たちがいました。我々も心の問題はどうつくればいいのか本当に

難しくてわかりません。今日のようにたくさんの人が議論を重ねる場では、一人が共感しても他の人の共感がなかなか得られないという難しいところがあります。それは我々、審査員のほうに残された課題だと思います。今回の受賞作の中にはありませんでしたが、そういう提案はもっとあっても良いと思います。私たちが大学生だった80年代当時の問題と今私たちが直面している問題は違います。心の問題もそのうちの一つだと思います。のっぴきならない状況になってきて心の問題をテーマにした新しい建築を語る言葉が出てくると、どうなるかはわかりませんが面白くなると思います。

Award Winners

NAGOYA Archi Fes 2021

入選作品紹介

（1日目）

最優秀賞
The Highest Award

ID158

名古屋造形大学 　谷口 舜
Shun Taniguchi

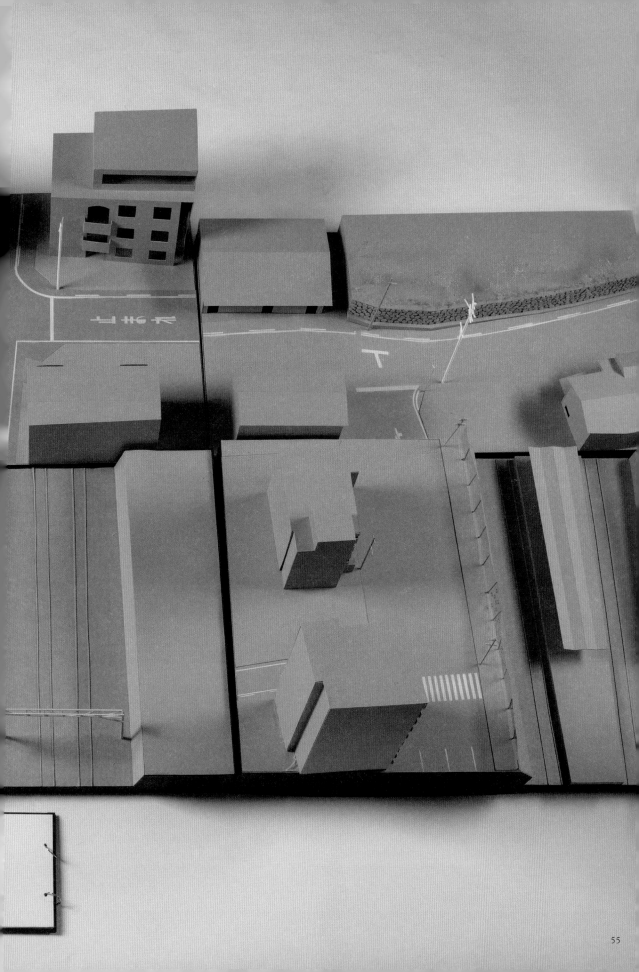

（1日目）

最優秀賞
The Highest Award

ID158

谷口 舜
Shun Taniguchi

名古屋造形大学

Project
都市風景葬

私は学部二年の時に大病を患った。死の間際、私は日常へのどうしようもない執着を感じていた。日常風景に死者が帰るための墓地を、墓地との関係を絶ってしまった都市空間に計画する。それは愛着を表明するための墓地であると同時に都市空間に人の生きた像を焼き付けるようなものである。それは墓地の観察者に都市空間への意識の変革を引き起こし、地域社会をつくり出すための土壌となる。私は名古屋在住の実在の人物六人の墓地の制作を行った。

作品講評 ─────────────────

- ●具体的に何かをつくるというよりは、その人たちが生きていた何かを存在として残すという点が面白い。いろいろなことを考えさせられる（安東）
- ●この作品はとても新しい発想だと思う。いつ自分は死ぬのか、死んだ後はどうするかをしっかり考えていて、「死」に対してたくさん問題提起がされている。リアリティがあり、すごく心に残る作品（深堀）
- ●地域とは何なのか、誰のものなのか、を非常に考えさせられるプロジェクトだと思う（原田）
- ●タイトルがすごい。「葬」から言いたいことがシンプルに伝わる。最終的にどうなるかは別として、概念だけでもすごく強いアイデア（齊藤）

私は田んぼ道を散歩していた時、美しい墓地を見つけた。樹木葬である。しかし、一般的な霊園や寺にある樹木葬の墓地ではなく、田園風景のど真ん中にぽつんと存在している。

私はこの墓地から目を離すことができなかった。この墓地を建てた人はどれほどこの土地を愛していたのだろうかと私は感じた。それどころか、形があるはずのないこの地域の営みやコミュニティの気配までもがこの墓地を見ることによって感じられるような気すらした。

私は、この墓地は死者の愛着が表明されることによって、周辺に広がる半永久的に連続している一般的などこにでもある田園風景の中から、死者の愛着のある空間を特別な空間として観察者に感じ取らせることを可能にしているのではないかと考えた。

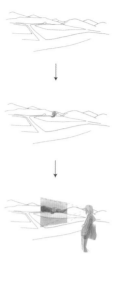

この現象を使った墓地を都市空間に持ち込む方法について私は提案する。田園風景の樹木葬は周辺の風景の中に存在する樹木というありふれた要素の一つが墓地という遺物に変化していることで観察者の注意を引きつけていた。都市空間でそれを引き起こすものは道路上にある様々なオブジェクトだと考える。

私はそれらを遺物化させ死者の愛着を表明していくことによって都市空間に意識の変革をもたらす。都市空間における道路上空間は、「この空間はみんなのための場所であり、誰のものでもない。」この意識を私の計画する都市風景葬は、「この空間は誰かの試着のある空間だったのだ」という認識に変更される。それは地域という遺物を放棄してしまった都市の住人達に、自分たちの周辺に広がる日常の空間への愛着を許容する。

それは、地域社会を構成するための土壌となる。

四、線路脇の覗き窓

この空間は故人の電車までの通学のための道であった。4車線の一方通行のこの道には人々が寄り付く。トラックやタクシーの運転手にとっては休憩場所であり、サラリーマンにとっては一人もしくは少人数での飲みの場所である。歩行者は建物と距離を取りながら、その空間が存在するあらゆるものを観察する。観察対象はさまざまで、人、動物、電車、建物、空である。上下左右に多くの視点を持つ観察者は観察対象との距離感も感じる風景に日常を感じ、愛着を持っている。

五、動作を促される空間

この空間は線路と樹木と遊歩道のなだらかな高低差により周辺から隠されている。川岸にも似たこの開けた空間へ車の通った後の風が吹き、その風は木々を揺らし音を立てる。故人は悩み事を抱え考え込む時間も、学校の放課後友人と会話を楽しむ時間などこの場所は存在する。さまざまな人が動作を促したり、想像させたりするなだらかな坂は走ることもない。坂による高さの変化、坂の上の人と下の人のそれぞれの高さに合わせて座る場所を提供する。ここには走る人の動作を助長する、線路と遊歩道の高さが入れ替わる場所は登る気持ちを発散したい時、空間に促されるまま体を動かす。

六、無重力の遊び場所

ここは遊歩道であるが故人にとってはさまざまな方法で遊ぶための遊歩道だった。巨大ショッピングモールの裏側というロケーションの悪さは少しでも見晴らしの良い場所へと故人を向かわせ、その結果橋の上で遊ぶことになった。これは橋の巨大な土台が遊びの場を作り出すことに繋がった、これは巨大な重力を感じさせるショッピングモールと対照的な体験であり、無重力の遊び空間である。

この遊歩道一帯には人が多くの足の跡を残した。おける野球ボールの跡やキックボードのタイヤの跡、自転車の跡、道路にやきつけた落書き、壁に投げつけて描かれた絵。それらは誰かが落書きをスプレーで描いていく、それは音が少なく離れいこの空間で行われる住人同士の小さなコミュニケーションである。

都市風景葬

「死の体験」とはどんなものだろうか。

それは一言で言うのなら、「究極の非日常体験」である。

では、"死の体験者"はそんな時何を願うのだろうか。

それはきっと"日常への回帰"だろう。

私は学部二年の時、血液の病気を患った。免疫が暴走し、日に日に血中の物質が破壊されていく。悪化する数値と、検査結果を持って来なくなる主治医と、暗い顔の両親を見ていると、私はもう助からないのかもしれないと言うことは容易に想像ができた。

「死後の私の行き先はどこなのだろう。」

ふとそんなことを考え始めた。この疑問は輪廻転生だとか、天界だとか、そんな信じてもいない宗教の話ではなく、私が死後巡ることになるであろう出来事についてのもの。

まずは火葬場に行くのだろう。その後は葬式があり、霊園などの墓地に入れられるであろう。

「ああ。どこも私の知らない場所だな。」

突然もう二度と元いた場所には帰ることができないことを強烈に実感した時、私の中にあったものは、見慣れた場所や人や物へのどうしようもない愛着だった。

「日常に帰りたい。」

それ以外何もいらないとすら感じた。

しかし、今の社会のシステムはそれを叶えてはくれない。私の日常は名古屋での生活だが、寺から墓地に墓地はない。正確に言えばそれを叶えてくれる墓地がない。名古屋は戦災復興の時に寺から墓地を切り離し、霊園と言う形で一箇所にまとめた歴史がある。切り離された後は名古屋から地域コミュニティは消えていった。檀家制度により地域と寺、寺と墓地は切り離せない状態であったのだからこの結果は当然なことだ。

「愛着のある日常に帰ることができる墓地があればどれほど嬉しいだろうか。」

病気から奇跡的に回復した今でも、私は自分の死がどういう意味を持つことができるのかといつも考えている。大学の最後の、一つの区切りとしてこの問いにもう一度向き合いたい。

これが私の卒業制作である。

一、八劔社とそこへと続く冒険の道

故人は都市空間から少しの間隠れるためにいつもここに訪れる。市街戦後に作られた整備された道から、戦前からある入り組んだ道に入ってゆく神社の境内に入ってゆくと大切な時間を遡るような空間であった。時間を遡るような故人にとって大切な時間であった。その境に2種類の空が見える。道の古くて細い圧迫感のある道から見える「見上げる空」と、街はずれの標高の高い境内から見える「見渡す空」である。

境内に植えられた樹木の音、そこに暮らす虫の音、周辺住居の室外機の音、遠くに聞こえる人が移動する音が聞こえ、空の美しさとこの空間にいる人にいつわりを求める事なく、ただ存在する事を許してくれているような神秘的でありながら、身近で心地の良いものであった。

二、夕焼けの美しい交差点

この交差点は故人にとっての生活における最初の分岐点である。通学、買い物、お祭り、どこへ向かうにもこの空間を通り出し、逆に帰りには道路沿いが東西方角にぴったりと合うため、この夕焼けが綺麗に見える。ここは名古屋の西端である。しい空間が出現する。「夕焼け」はここでは名古屋西端であるため、この夕日は建物の間から山へ沈んでいる。北側では巨大な高速道路の建築物が存在感を放っている一方で、自然的要素と都市的要素のスケールを持った要素の混在はひと昔前まで田園風景が広がっていたこの街の歴史そのものであり、歴史の断片が風景に現れている。

三、秘密の玄関

ここは故人の受験勉強の合間の休憩時間に訪れる場所であった。名古屋駅周辺でありながら、昭和期の古い街並みの雰囲気が残っている。北から見ればその街並みを、南を見れば冷たい印象のビルが見える。二つの空間の境界にこの公園は存在する。公園は街にとっての非日常であると同時に周辺住人の共同の庭でもあり、ここは公園であると同時に周辺住人の共同の庭でもあり、ここは周辺住人にとっての日常にもかかわらず、周辺住人は街にとっての非日常にも通ってくれる。ここは故人にとっての街への玄関のような場所であった。

チに座ると住人に居心地のよさを感じている。わらず、周辺住人は街に温かった笑顔に迎えられて、この公園のベンチに座ると住人に居心地のよさを感じている。ここは故人にとっての街への玄関のような場所である。

（2日目）

最優秀賞
The Highest Award

ID114

信州大学 **酒向 正都**
Masato Sako

（2日目）

最優秀賞
The Highest Award

ID114

酒向 正都

Masato Sako

信州大学

Project
りんご栽培と建築 —石垣と枝がらみから始まる有旅の耕作放棄地の再生—

計画敷地の長野市有旅地区はりんご栽培と棚田稲作が営まれる傾斜地に位置する中山間地域である。地すべりが頻発する大地と、りんごと米栽培の担い手の高齢化により、畑地や水田として適さなくなった土地は現在耕作放棄地と化している。一方で、りんご栽培を続けるべく、新たな農法の新わい化栽培や高密植栽倍に挑む高齢農家の姿があった。地すべりの原因となる大地の改善に目を向け、ランドスケープと育苗ハウスの提案を行う。

作品講評

● 連関を考えて中に建築を建てようとしている気持ちが非常に伝わってきた（塚本）

● 木が生えてくるために必要な周辺の環境や土壌、その土壌を育む生態系の中に建築を置いて植物やその加工を含めて見ており、ほかの作品より視野が一層分広く、頭1個抜けている。断面パースもすごく良い。きちんとしたリアリティとエビデンスを与えようという酒向さんの態度に、すごく痺れた（中山）

● 全体的にすごく細かく考えられている。モジュールについて、コンテナから決めたことやリンゴの木の高さと影の角度から決めたことなど、よく考えられていて良い（木村）

● RCの擁壁について、土壌の環境についての本をヒントに改善方法に踏み込み、通常は目に見えないものを農地だからこそ提案に取り入れた視点に共感した。基礎をつくることに対する疑問を感じ始め、エコツーリズムの所定のやり方として正しいことをやっている（中川）

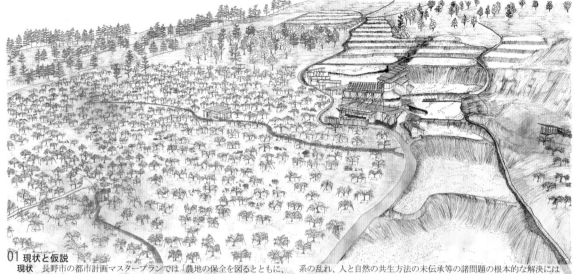

01 現状と仮説

現状 長野市の都市計画マスタープランでは「農地の保全を図るとともに、体験型農業や6次産業化による農業の振興」が検討されている。観光化の推進に伴い、地すべり跡地の動植物園化や擁壁の設置がなされてきた。しかし耕作放棄地の拡大によって引き起こされる土壌流亡や地盤の弱体化、生態系の乱れ、人と自然の共生方法の未伝承等の諸問題の根本的な解決には至っていない。

仮説 これまでの擁壁の「防災」の役割を担いつつ、農地の健全化も推進するという視座で斜面地の農業の振興が必要となるのではないか。

02 敷地の選定 - 林檎畑を土壌流亡から守る -

有旅地区では傾斜表面を流れる雨水や土壌を棚田が保持することで、斜面低地の林檎畑を保全していた。よって斜面高地が放棄地化しても、その斜面下部の棚田が活用されるならば最低限の土壌の保持と生態系の保全がされる。同様にして斜面高地上下の土地利用を分ける境界線に着目し、人工的な介入の効果性が認められる地点を3つの地図を重ねることで選定する。

新わい化栽培に挑む林檎農家

隣り合う土地利用の連関図　林檎畑への土壌流入の防止

放棄地→林檎畑の境界部（破線部）に着目

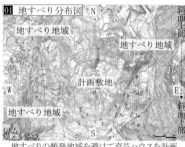

地すべりの頻発地域を避けて育苗ハウスを計画

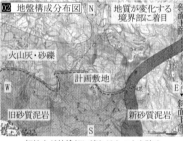

細粒土が林檎畑に流れ込むことを防止

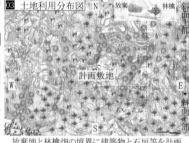

放棄地と林檎畑の境界に建築物と石垣等を計画

03 観察｜敷地にとって有効な一手を模索する

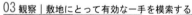

放棄地の再生の手がかり

建築の設計の手がかり

敷地の観察から農地に現れる普段は見慣れない風景に興味を持った。調査を進める中で、農家の畑に対する働きかけや農家として生きるための家屋の配置など随所に工夫が見られた。農家にとって必然なこの風景は、りんご農地を保全していくために取り入れるべき工夫である。

04 全体計画

STEP1　大地の再生のプロセス
空気と水が滞る放棄地（黄色部）に枝がらみと石垣を施工

STEP2　大地と響き合う育苗ハウスの計画
林檎の新農法の試用地として再生地を活用

STEP3　地形傾斜の変換部へ枝がらみと石畳
石畳通路を利用し、蜂の巣箱小屋○を4箇所設置

りんご栽培と建築

—石垣と枝がらみから始まる有旅の耕作放棄地の再生—

05 有旅の林檎農家の工夫と「土中環境 文献3)」より導く耕作放棄地の再生プロセス

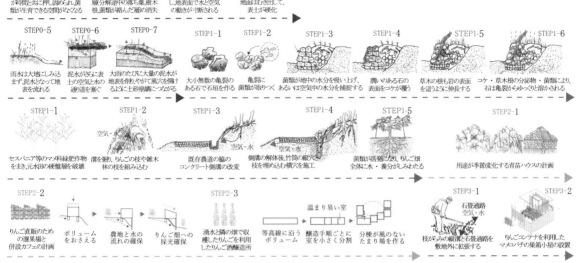

STEP0-1 良好 現状
細粒土壌で元棚田の放棄地が時間と共に押し固められ、菌類が生育できる空間がなくなる

STEP0-2
大地の表面を保護する腐植層分解途中の落ち葉樹木根、菌類が絡った層の消失

STEP0-3
地表が乾燥・硬化し、地表面で水と空気の動きが寸断される

STEP0-4
落ち葉は絡み合わず飛散地面はむき出して、表土が硬化

STEP0-5
雨水は大地にしみ込まず泥水となって地表を流れる

STEP0-6
泥水が次第に表土の空気と水の通り道を塞ぐ

STEP0-7
大雨のたびに大量の泥水が地表を削り、やがて風力を得るほど土砂崩壊につながる

STEP1-1
大小無数の亀裂のある石で石垣を作る

STEP1-2
亀裂に菌類が取りつく

STEP1-3
菌類が地中の水分を吸い上げ、あるいは空気中の水分を捕捉する

STEP1-4
潤いのある石の表面をコケが覆う

STEP1-5
草木の根も岩の表面を這うように伸長する

STEP1-6
コケ・草木根の分泌物・菌類により、石は亀裂からゆっくりと溶かされる

STEP1-1
セスバニア等のマメ科緑肥作物をまき、元水田の硬盤層を破壊

STEP1-2
溝を掘り、りんごの枝や雑木林の枝を組み込む

STEP1-3
既存農道の脇のコンクリート側溝の改変

STEP1-4
側溝の解体後、竹筒や縦穴に枝を埋め込み横穴を施工

STEP1-5
菌類が活発になり、りんご畑全体に水・養分がしみわたる

STEP2-1
用途が季節変化する育苗ハウスの計画

STEP2-2
りんご直販のための選果場と併設カフェの計画
ボリュームをおさえる
農地と水の流れの確保
りんご畑への採光確保

STEP2-3
湧水と隣のりんご畑で収穫したりんごを利用したりんご酒醸造所
温まり易い室 等高線に沿うボリューム
醸造手順ごとに室を小さく分割
分棟が風のないたまり場を作る

STEP3-1 石畳通路 空気・水
枝がらみの縦溝と石畳通路を敷地外に拡張する

STEP3-2
りんごコンテナを利用したマメコバチの巣箱小屋の設置

06 設計 | STEP2 | 育苗ハウス＋共同の選果場

07 設計 | STEP2 | りんごの育苗ハウス −V字支柱−

■ 計画配置図 | STEP2 | −エネルギー涵養の拠点−

茶臼山動物園
職員動線
集荷場
りんご動線
りんご畑転用地（旧耕作放棄地）
観光動線
マメコバチの巣箱
稲の育苗ハウス
納屋
選果場
縦動線
□ STEP2　育苗ハウスの計画
・高密植栽培の試用地整備
・選果場＋りんごカフェの設置
・りんご酒醸造所の設置
高密植栽培
りんごカフェ
納屋
石垣
生物の住処
トイレ
軽トラック
既存農道
□ STEP1　大地の再生
農家の持つ道具で始められる石垣づくりと枝がらみ施工
コンクリート側溝の改変
枝がらみ施工
既存りんご畑
醸造所
納屋
りんご畑転用地（旧耕作放棄地）
りんご育苗ハウス
農家動線

高密植栽培の基本列間スパン　斜面風　太陽光
0 3 6 10 20 30 m
1.5 4.5
軽トラック1台分・りんごコンテナ・育苗箱2つ分
N

08 設計 | STEP2 | 育苗ハウス（2FL）＋りんご酒の醸造所（1FL）

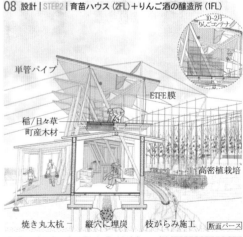

10-2月りんごコンテナ
単管パイプ
ETFE膜
稲/日々草町産木材
高密植栽培
焼き丸太杭　縦穴に埋炭　枝がらみ施工
断面パース

09 設計 | 敷地形状に沿う育苗ハウス＋枝がらみ

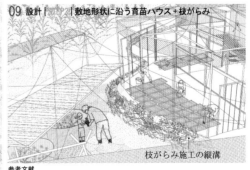

枝がらみ施工の縦溝

参考文献
1) 長野市: 長野市都市計画マスタープラン 長野市の都市計画に関する基本的な方針, 2017.4
2) 経済企画庁国土調査課: 土地分類基本調査 地表・表層地質・土じょう 長野, 1974
3) 高田宏臣: 土中環境 忘れられた共生のまなざし、蘇る古の技, 建築資料研究社, 2020.6

（1日目）　　（2日目）
優秀賞 木村吉成賞
Merit Award　Yoshinari Kimura Award

ID125
名城大学　山田 明日香
Asuka Yamada

（1日目）　　　　（2日目）
優秀賞　木村吉成賞
Merit Award　Yoshinari Kimura Award

ID125

山田 明日香

Asuka Yamada

名城大学

Project
いとなみ横丁 —私有地の供出による郊外居住地域の再編—

現代の都市居住は、周りの見えない暗闇の中のようである。プライベートを守るために、周囲に壁をつくる現状の住宅の構成は、生活者を限られた箱の中に孤立させてしまう。そこで、敷地内に他人が通り抜けられる余地を持つ、新たな住宅の建ち方を提案する。個人の私有地の供出によって街区の中に広がる余白は、徐々に繋がり、同じ街に住む人の生活の気配を感じられる横丁のような道となる。暗い都市の中に生活の明かりを灯していく。

作品講評

● 商業的な空間だけでなく、住宅であるにも関わらず公共性が潜んでいる。住宅1つで世界がどう変わるのかをすごく綿密に設計されているような気がして、個人的にすごく見てみたい、体験してみたい（原田）

● 住宅としての佇まいが素晴らしい造形となっていて、プロのような腕前ですごく良くできている。都市に開かれた住宅としてすごく実験的な空間で、ものすごく核心を捉えている（齊藤）

● 木造スパンのセオリーなど、住宅設計としてのクオリティーをここまで突き詰めて考えたのはすごい（中山）

00 問題意識

「人が集まって暮らす」意味

同じ街に住む人 → 共同体であるべき

　街の一員であるという自覚を持たず、個々が所有する箱の中で、互いに関わることなく生活している。
　地域の人間関係を築きづらい現状の都市では、生活を支えるインフラが麻痺した瞬間に人々の生活は破綻する。これでは、同じ地域に人が集まって暮らしている意味がない。様々な職種・年齢の人が集まる都市だからこそ、それらは一つの共同体として機能するべきである。

01 対象地域

　対象地域として、名古屋駅周辺の代表的な住宅エリアである、吹上駅の南西エリアを抽出する。古い商店街や住宅の建て替えが進んでおり、その主な用途としては、新築の集合住宅や戸建住宅が挙げられる。現在も、人を住まわせるための開発が進む地域である。

02 「住む場所」の現状

02-1 ヒューマンスケールの消失

大きな集合住宅の建設　プライベートを守る壁　家の前の駐車場

　街のスケールを無視した大きな集合住宅やプライベートを重視した住宅、車移動を許容する広い道路や大きな駐車場の建設など、ヒューマンスケールを超えた街が形成されている。

02-2 所有物の中での孤立

周りにどんな人が → 街の中で孤立
住んでいるのか分からない

　現状の街の構成では、家の中での人の生活は街と切り離され、人は、自分が所有する限られた領域内に閉じこもる。そのため、周りにどんな人が暮らしているのか分からない。これが、都市居住者を孤立させる一つの要因であると考える。

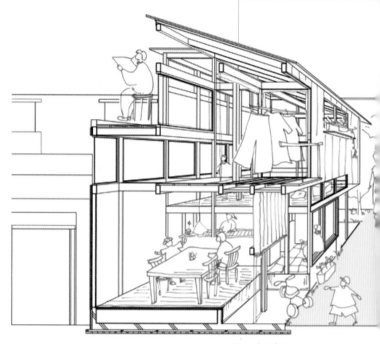

02-3 住宅の観察と外部空間

　街の中に建つ住宅は、様々な外部空間をもつ。それらは、生活者のプライバシーを守るなどの目的のために、意図的に隠されている空間と、人が使うことを想定していない駐車場などの空間の、大きく二つに分けることができる。

人が使うために
隠されている外部空間

人が使うことを
想定していない外部空間

　どちらも、敷地内での人の活動が外から見えないようなとり方が、他人の入り込む余地のない街区を作り、人の生活と街の関わりを薄くしている。

02 提案

　私有地である住宅の敷地内に、他人が□□□地域に住む人の生活の明かりを辿りな□□□

【手法】

　外壁面に、欄間のように壁を2分する構成を取り入れることによって、敷地内を他人が通り抜けることを受け止める住宅の構成をつくる。

外壁を2分する

外部と内部を隔てるように
つくられる住宅の外壁

敷地境界線

いとなみ横丁

—私有地の供出による郊外居住地域の再編—

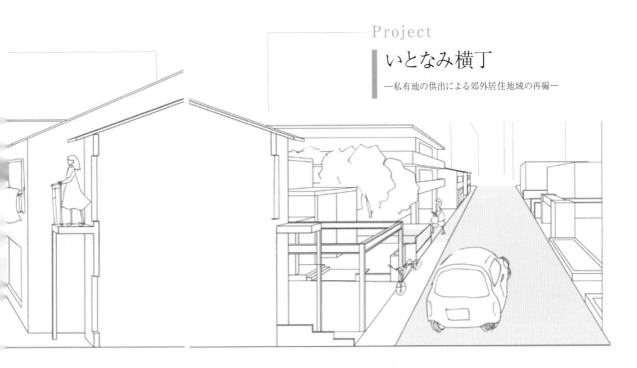

通り抜ける余地を持つ 住宅の建ち方を提案する。このような住宅が増えていくことによって、街区の中に人のスケールの道が広がっていく。それは、同じ
を感じることのできる、横丁のような通り道である。同じ街に住む人を認識し、意識することで共同体の一員であるという自覚と少しの責任が芽生える。

2つの操作を加える

2枚のカベの高さを調整する

様々な境界をつくる

を2分し、欄間のような
を取り入れる
と内部に関係性が
れるような境界面にする

素材を変える

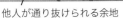
他人が通り抜けられる余地

（2日目）
優秀賞
Merit Award

ID119

名古屋大学 **勝 満智子**
Machiko Katsu

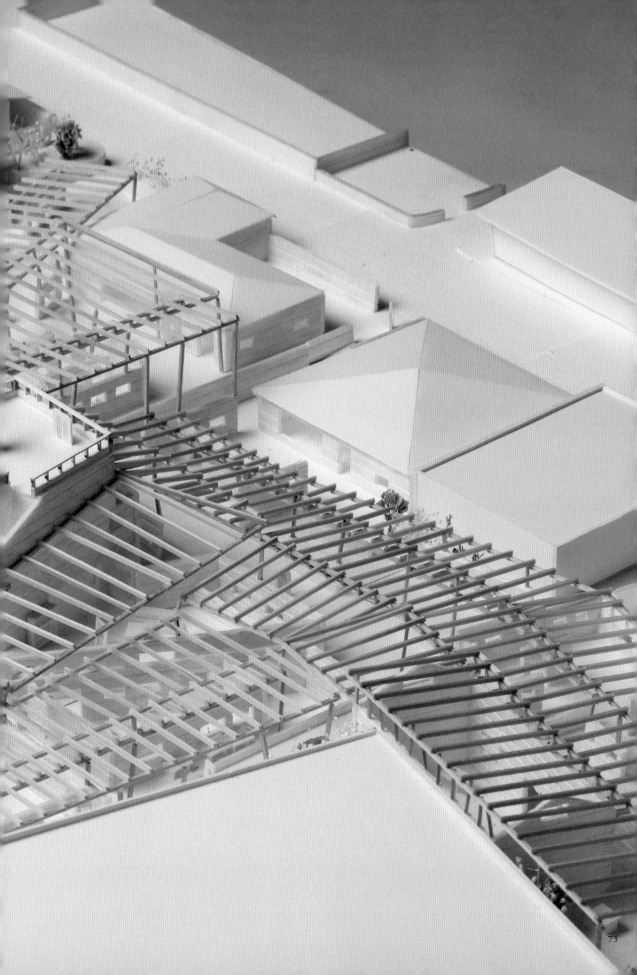

（2日目）

優秀賞
Merit Award

ID119
勝 満智子
Machiko Katsu

名古屋大学

Project
見え隠れする小景 —浸透度を得たコーガ石の街並みの計画—

東京都新島の石の街並みはコーガ石の加工のしやすさから『住民の手で建築される文化』が根付き、セルフビルドによってつくられた。街並みの維持・継承とともに、住民・観光客の交流を促すことを目的とし、その手法として既存の倉を活用し、コーガ石と石からつくられる新島ガラスの文化の拠点を形成する。これは、みんなが気づかなかった土地の物語を翻訳し、この街の美しい街並みと営みを紡いでいくための建築である。

作品講評

● アイソメのような鳥瞰パースのようなものと内観パースも良い（塚本）

● 出会った土地の出会った資料に自分が手を加えていくところから始まっている。そういう体験から、島の新しい構成を非常に丁寧につくっている（安東）

● 地域のブランドづくりがきちんとできている（齊藤）

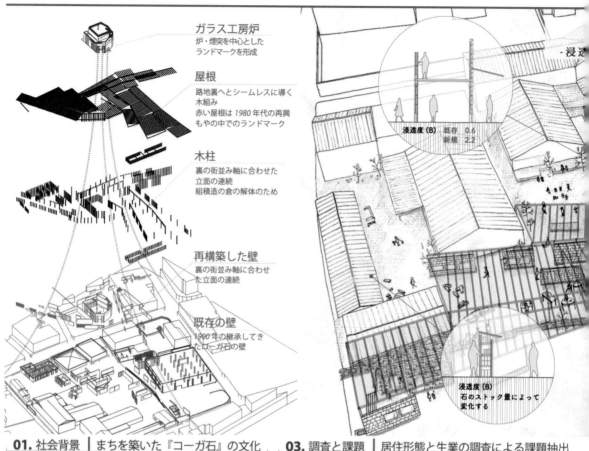

ガラス工房炉
炉・煙突を中心とした
ランドマークを形成

屋根
路地裏へとシームレスに導く
木組み
赤い屋根は 1980 年代の再興
もやの中でのランドマーク

木柱
裏の街並み軸に合わせた
立面の連続
組積造の倉の解体のため

再構築した壁
裏の街並み軸に合わせ
た立面の連続

既存の壁
1900 年の継承してき
たコーガ石の壁

-浸透

浸透度 (B) 　既存 0.6
　　　　　　新規 2.2

浸透度 (B)
石のストック量によって
変化する

01. 社会背景 ｜ まちを築いた『コーガ石』の文化

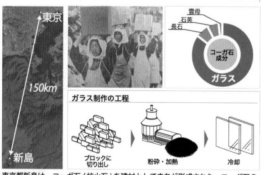

コーガ石成分
雲母
石英
長石
ガラス

ガラス制作の工程
ブロックに切り出し　粉砕・加熱　冷却

東京都新島は、コーガ石（抗火石）を建材としてまちが形成された。コーガ石の加工のしやすさから、『住民の手で建築される文化』が根付き、1970 年代にコーガ石の年間採掘量がピークを迎えるも、その後も街並みが継承されてきた。

02. 研究背景 ｜ 維持できない街並み・建築群

放棄

1980 年以降徐々に人口減少し、繁栄してきたコーガ石の街並みにおける、多くの石造建築ストックを維持・保全できなくなった。近年、新島抗火石建造物調査会により調査が進められ、保全する動きが見られつつある。

03. 調査と課題 ｜ 居住形態と生業の調査による課題抽出

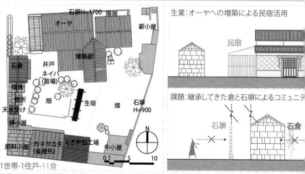

生業：オーヤへの増築による民宿活用

課題：継承してきた倉と石塀によるコミュニティ

1世帯-1住戸-11倉

1世帯には1つの母屋と複数の用途の倉を持ち、農作と観光客の民宿を生業としている。民宿の改築を繰り返してきたが、倉は空き家となり維持するのが困難となっている。そして、代々継承したコーガ石の石塀や石倉がコミュニティの分断を生み、放棄が最適解になっているという課題がある。

04. 計画地 ｜ 『街並みの保存』と『住民と観光客の交流』エリ

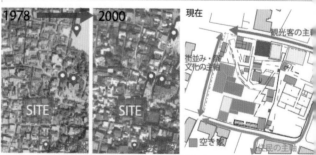

1980 年には、コーガ石の組積の立面・赤い屋根の街並みが広がっていたが、2000 年までに多くの張り替えられたという歴史を持ち、観光客と住民が交わる・祝祭の中心地・コーガ石の街並みが れつつある新島村の1街区を計画地としている。

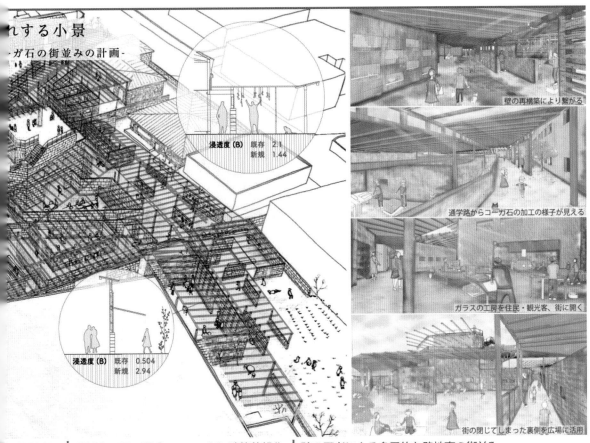

れする小景
-ガ石の街並みの計画-

浸透度(B) 既存 2.1
新規 1.44

浸透度(B) 既存 0.504
新規 2.94

壁の再構築により繋がる

通学路からコーガ石の加工の様子が見える

ガラスの工房を住民・観光客、街に開く

街の閉じてしまった裏側を広場に活用

5. 全体計画 ｜ 路地裏工房の形成

裏側の放棄された倉に軸を巻き込み、路地裏工房を中心
観光拠点を形成する。既存の放棄されてしまった継承す
を転用し、住民の生業に合わせ課題解決を目指す。

06. 建築的操作 ｜ 壁の再考による多層的な路地裏の街並み

隠れていた街並みの立面軸 → 軸に沿った立面形成のための手法

保存:既存壁の活用
解体:既存壁の解体
転写:立面のトレース
再構築:新規壁の構築

コーガ石の街並みは立面としての壁を連ね作られ
てきた。新しく路地裏へと導く立面の軸をリサー
チから決定し、裏の街並みを形成する。

立面軸に合わせ、継承してきた既存素材を生かす壁、既存の立面を
生かす壁、新しい立面を持つ壁を配置し、路地裏に時間的・空間的
に多層な場所を作り出す。

7. 空間設計 ｜ 選択度と浸透度を用いた空間把握と評価手法

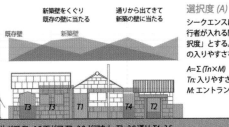

新築壁をくぐり既存の壁に当たる
通りから出てきて新築の壁に当たる
既存壁 新築壁
片ドア T1=1.0 両ドア T2=2.0 ドアなし T3=3.0 通り T4=3.5

選択度 (A)
シークエンスにおいて、歩
行者が入れる開口数を「選
択度」とする。見えたとき
の入りやすさを表す。

$A=\sum (Tn \times M)$
Tn: 入りやすさの係数
M: エントランス数

新築壁の開口から既存の中が見える
既存壁 新築壁
オープン K1=1.0 透過ガラス K2=0.7 透過なしガラス K3=0.3

浸透度 (B)
歩行者が壁のレイヤーを通
して、開口面積に影響を受
け、空間の奥行きを感じる
値を表す。

$B=\sum (Kn \times S)$
Kn: 浸透度合いの係数
S: 開口面積

開口の位置がリンクし、雰囲気が伝わる

の壁によって構成される立面を選択度から評価をする。
度とは、建築の入りやすさを表していて、新築の壁と既存の壁に挟まれた空間を
ようにして出入りすることの面白さを設計する

新旧の壁によって構成される立面を浸透度から評価をする
浸透度とは、空間の奥行きを感じる値を表していて、新築の壁から建物内の雰囲気を感
じることができたり、既存の壁をフレーミングしたりできる面白さを設計する。

（2日目）

優秀賞
Merit Award

ID151

信州大学 **伊藤 雄大**
Yudai Ito

（2日目）

優秀賞
Merit Award

ID151

伊藤 雄大
Yudai Ito

信州大学

Project
多様な感受を包容するすまい

本設計では集合住宅のスケルトンを「フレーム、スラブ」とし、インフィルを「ボックス」とすることで明確に分けた。ボックスは街に溢れる材料を用いて住民自身がDIYすることで更新され、住民らによって長い時間をかけて更新されていくシステムや仕掛けを設計した。街に溢れるさまざまな素材や空間をこの建築が受け入れ、住人たちのDIY等の住みこなしが重複的に合わさることでその瞬間限りの多様な空間がすまいに生まれる。

作品講評

● 高層ビルの画一性などに問題意識を持ち、ビルの視線の抜けや圧迫感、ヒューマンスケールの欠如などを、長野の街並みを分析しながら展開していき、それらを自分たちで変えていくところまで想像して構造体をつくり、仮設的な建物を乗せて更新していく点が良かった（岩月）

● 建物の中に入っているインフィルがすべて軒に出ているのに、スケルトンのほうが出ていないのは少し違う気がする。だから、スケルトンのほうを軒に出すと、その上に人が乗れるようになるので、その上で作業できるようにするなどをしてもいいかもしれない（木村）

多様な感受を包容するすまい
- A home that embraces a variety of feelings -

平面更新プラン 2020-20XX

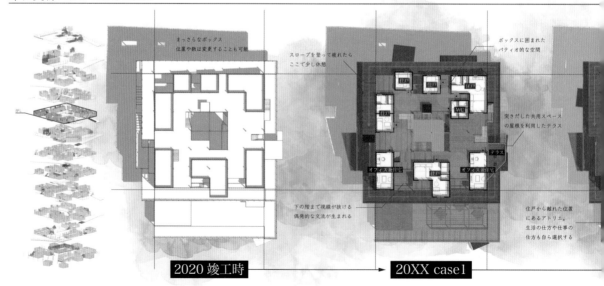

まっさらなボックス
位置や数は変更することも可能

スロープを登って疲れたら
ここで少し休憩

ボックスに囲まれた
パティオ的な空間

突きだした共用スペース
の屋根を利用したテラス

下の階まで視線が抜ける
偶発的な交流が生まれる

住戸から離れた位置に
あるアトリエ。
生活の仕方や仕事の
仕方も自ら選択する

2020 竣工時

20XX case1

82

多様な感受を包容するすまい

設計主旨

背景
空き家改修やリノベーションが盛んに行われ、古いものを大切にしている長野駅周辺の街に、現在画一的な高層マンションが建設されている。

↓

問題提起
新築で高層の建物ができるということは、街の景観が乱れてしまうことはもちろん、古いものが残され、小さな暮らしの風景が多く見られる長野の街の良さに反していることだと感じた。

↓

設計趣旨
スケルトンとインフィルを明確に分け、インフィルであるボックスを街に溢れる材料を用いて住民自身でDIYすることで更新し、住民によって時間をかけて更新されるシステムを設計した。

敷地調査

街に散らばった古いもの、生活空間、街に開いた共用空間を対象にして集めた。
実際に敷地を歩いて発見した街らしい要素を、「空間」「素材」、「歴史」に分類し設計に落とし込む。

行き止まり　スロープ　小さな公園　狭い階段　後付けベランダ

ピロティ　溢れ出す生活　路面店　細道　パティオ

トタン　火の見櫓　蔵　家の軒間　空き地

街との繋がり

実際にまちを歩いてみるとまちは多様性に溢れていた。
まちに溢れている多様な空間を一つの建築に集約することができれば、かつての集合住宅とは違う一つのまちのような新しいすまいの形を示すことができるのではないか。
調査で発見した街の空間を要素として抽出し、新しい生活空間として本設計に落とし込む。
また捨てられるはずの材料は加工されて住戸の増改築に再利用されるプログラムとした。
2009年以降、長野市善光寺周辺ではリノベーションが盛んに行われ流行になったことに伴って素人でもDIYをしたいという要望やセルフビルドの需要が高まってきている。
DIYや共有によって新しいコミュニティが形成されることも期待される。

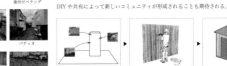

まちから使われなくなったモノが集まる　工房で加工され、住民の手に渡る　失われるはずだったまちの風景が建築に映し出されてゆく

変わっていく姿

更新前・(2021年竣工時)
3m×3m×3m最低限のボックスが配置され多くの隙間が見られる。

更新中・(20XX年)
街から集めた材料を用いてボックスを更新し、街の風景が映し出されてゆく。

断面図

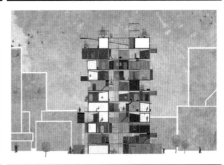

更新プログラム

2020年竣工時としてスケルトンとインフィルが明確に分かれた仕掛けを設計した。
このプロジェクトはフレーム、スラブ、壁、動線によって構成されており、フレーム、スラブなどのスケルトンは施工者によって取り替えることが可能だが、更新の頻度は低い。
インフィルは素人でも加工可能で、住民自らの手によって増改築が繰り返される。
このような更新は低層から徐々に行われ、住人によるセルフビルドにより建築全体が、姿を変えていく。

更新可能　　　　　　　　　　仕掛け

フレーム　スラブ　ボックス　立体路地
施工者によって取り替え　素人でも加工可能
(更新頻度・低)　(更新頻度・高)

空間プログラム

平面のまちと立面のまち　街の通りと路地を立体的に立ち上げることで平面の街では生まれない交流が生まれる。

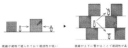

視線が通って通されていない視認性が低い　視線が交って重なることで視認性が高くなり風景的な交流が生まれる

住戸ユニット　それぞれの住戸は3m×3mのグリットからできている。
個人の働き方、暮らし方によって契約するフレームを決定する。

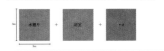

水廻り ＋ 居室 ＋ ＋α

設備空間としての中央吹き抜け

中央の吹き抜けに更新に使う資材を運ぶインフラを設ける。
また風をコントロールし、縦に落ちていく水を共同利用することで、新しい設備空間として中央吹き抜けを利用する。

現状　　約リフトクレーン、清掃

眺望や採光を最優先に。
共用はバルコニー、外部に関係的な共用層下が並ぶ。

清掃やリフトといった更新用インフラを整え、更新をスムーズに行う。

吹き抜けに光を取り込み風をよく通す。
住人の視線＋隙。

吹き抜けは縦に雨水を取り込み雨水による発電をしたり植栽に水を設置する枝を育てる。

更新の段階

ボックスのみを購入して住まいながら環境に適応し、住人たちのDIY等による住みこなしが重層的に合わさることで、すまいの中に多様な空間が生み出される。
更新プログラムでスケルトンとインフィルをはっきりと分けることで、住民による更新的な活動が見えやすくなり、近隣の住民同士や空間に影響を与え合うことを狙いとした。
この計画は何十年後かの未来(20XX年)を想像したものであり、2020年竣工時から段階を踏んでゆっくりと更新され、ボックスが徐々に個性を獲得していく。

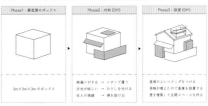

Phase1・最低限のボックス

3m×3m×3mのボックス

Phase2・対処(DIY)

雨漏りがする → トタンで覆う
ひさしが欲しい → ひさしを付ける
住人の視線 → 塀を設ける

Phase3・欲望(DIY)

屋根の上にスラブをつける
荷物が増えたので食事を設置する
壁を増築して太陽スペースを育てる

ボックスの少ないオープンスペース

case2

（1日目）　　　　（2日目）
安東陽子賞・中川エリカ賞
Yoko Ando Award　　Erika Nakagawa Award

ID110
渡邉 拓也
Takuya Watanabe

名城大学

Project
都市の残影 —空白を紡ぐミュージアム—

私は建物がなくなることにより露出する壁が、時間や歴史などの個性を感じる壁で魅力的であると考える。敷地は都市のスポンジ化により駐車場が多く存在し、都市開発によりさらなる高密度化が予想されるエリアである。高密度化による都市更新ではなく、街の衰退を受け入れ、街を良くすることを目的に、現在の良さと共存した都市更新を目指し、既存の用途を守りながらヴォイドに表出する壁を見るためのミュージアムを設計する。

作品講評

●ロンドンではグラフィティが普通に認可されている文化があり、有名な人の壁画をはじめ、有名なバンクシーも生まれた。この作品はどこかそれに通じるところがあると思う。誰も振り向かないようなものに絵を描き、それが朽ちていくというのが面白い発想だと思う（深堀）

●なんだかクセの強い提案で良いね。通路をギャラリー化していくという話だと思うが、その先にこれらの建築がなくなっていく。その時にグラフィティだけ独立して街中に良い公共空間ができて、街も賑わっていくということだと感じた。非常に力作（齊藤）

●自身がこの壁を好きだということから、どうやってこれらの好きな壁を選んだのかを自分の足で丁寧に探している作品で非常に魅力的（安東）

●模型がすごく良くできている。ファサードが形として具体的に見えていて面白い（木村）

●誰も見られると思っていなかった立面を改めてフレーミングして空からの光などを絞り込むと、我々はいろいろなことを感じてしまうことを伝えている（中山）

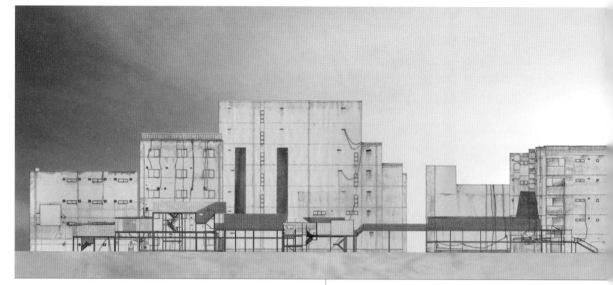

00. 壁の魅力

建物がなくなることにより見えなかった壁が露出し、その壁には以前あった建物の痕跡が残る。そんな壁は一般的なファザードにはない構成を持っており、時間や歴史などの個性を感じさせ、魅力的であると考えた。

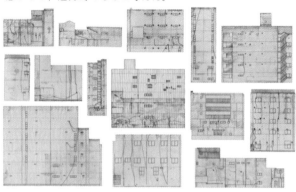

01. 敷地

愛知県名古屋市中区栄4・5丁目を敷地とする。名古屋の中でも栄はビジネス拠点の場であり、駐車場の多さは特徴となっている。

敷地は空き家や空き地が不規則に発生する都市のスポンジ化により、多数のヴォイドが生み出されたエリアである。現在は都市のスポンジ化によって生まれたヴォイドのほとんどが、土地利用の終着点である駐車場として利用されている。

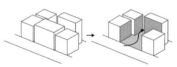

高密度都市　　　　中密度都市

02. 栄グランドビジョン

栄グランドビジョンにより、立体駐車場のように駐車場を□化させ、低階層を利用するよう栄の駐車場制度の見直しが□されている。集約されることにより、敷地にある駐車場は埋□れ、都市のさらなる高密度化が予想される。

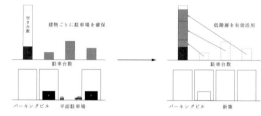

03. 提案・目的

駐車場が埋められることで、中密度都市から高密度都市へ□化し、街の魅力が失われてしまうと考える。高密度化する□更新ではなく、街の衰退を受け入れた提案で街の未来を考□都市の空洞化によって現れた壁に眼差しを向けることで、□のヴォイド空間に価値をもたらし、街の現在を守る。

駐車場は現状のまま残し、日常に潜む魅力に気づきを与え□壁のミュージアムを提案する。

04. 計画敷地

都市のヴォイド空間である駐車場がつながっていることに□いた。これらの写真の連続のように、駐車場に入って進む□次の駐車場が見えてくるといったように、駐車場が一本の道□うにつながっている。

都市の残影

―空白を紡ぐミュージアム―

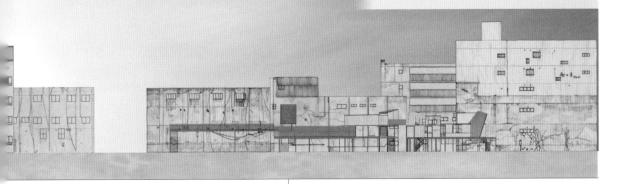

道のつながっている区画から、魅力的な
多いエリア、魅力的な壁が少ないエリア、
に道がつながっていくエリア、新しい建物
ったエリアの4つを計画する。

視線の操作

館の順路を歩く際に生じる「見る」という行為に焦点を当
いかに壁に視線を向けることができるかを考える。位置関
見え方から形態を生成する3つの手法を用いる。

06. グラフティによる参加型ミュージアム

街の各所にグラフティの痕跡が見られ、アートの場となってい
ることが考えられる。そこで、提案建築の壁には自由に絵を描
ける機能を取り入れることで、参加型ミュージアムとなり、街
にアートが点在した空間が生まれる。壁を見るという流動的な
操作とパネルをデザインする滞留的な操作が入り混じることで、
観賞の場にもなり、自己の表現の場にもなる。

07. 都市の未来

経済性に重きをおいた都市開発によりこのエリアは既存のヴォ
イド空間を潰しながら瞬く間に高密度な都市へと変化していく
ことが予想される。しかしこの提案が既存のヴォイドをつなぐ
ように、毛細血管のように広がっていくことで、他の街にはな
い道でつながった新しい都市が形成される。その結果、この街の
人の流れは変わり、都市再生の
可能性が広がると考える。今回
提案した建築は衰退した都市を
受け入れた新たな開発行為の指
針となるだろう。

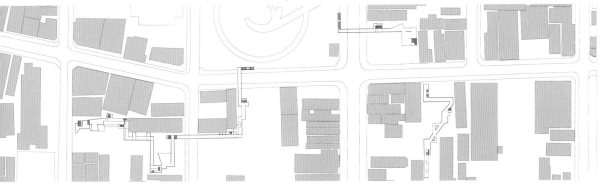

（1日目）

深堀隆介賞
Riusuke Fukahori Award

ID148

坂口 雄亮

Yusuke Sakaguchi

名城大学

Project
静かなる自然の侵略

建築や建築の周りを流れる時間をデザインすることで、地球を構成する生物、鉱物、植物と建築が等価に振る舞う空間を目指す。かつて物体が地球の土壌を介して循環していたように、現在の建築もそうあるべきではないだろうか。これは設計者や利用者の責任であり、私は人間主体でつくられた物体の概念や根本を問いたいと思う。

作品講評

● 崩れていくとか、朽ちていくものに美を感じるというのは、日本に昔からある美意識によるものかもしれない。つくるのではなく、建築という中であえて逆のことを行っているが、これも建築なのかと考えさせられた。面白かった（深堀）

● 廃墟になっているものを崩すプロセスを設計するというのはすごく面白い。今新たにできるものに介入し、自然物も介入していけるような仕組みにもなりそうだと思った（原田）

● 朽ちていくものが何か意味があるような、心に残るような情景などとして非常にきれいにまとめられている。強いメッセージを持っていると同時に完成度が高いと感じた（安東）

建築が地球を汚している。僕はそう思いたくなかった。

静かなる自然の侵略

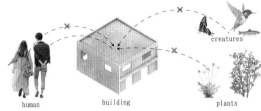

00 疑問 −建築のつくられ方はこのままで良いのか−

human　building　creatures　plants

効率性や機能性を追求してつくられた人間主体の建築から人間が去ったとき、建築はどのように扱われているのか。

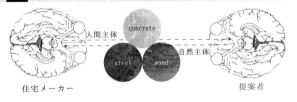

01 目的 −建築の存在意義を捉え直す−

人間主体　concrete　自然主体
steel　wood
住宅メーカー　提案者

人間が主体となってつくられた建築の主体を自然へと変換し、空間を解体という行為を通して再設計していく。

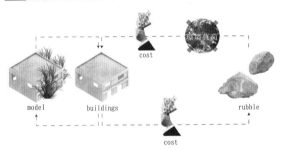

02 価値① −背景、現在の都市に向けて−

環境負荷
cost
model　buildings　rubble
cost

建築の解体からリサイクルに至るまでのコストや環境に対する負荷を軽減する。

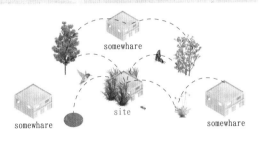

03 価値② −背景、未来の都市に向けて−

somewhere
somewhere　site　somewhere
somewhere

本提案が都市に点在した場合、新たな自然のネットワークの起点として機能し、都市が自然でつながる。

■ 構成 −崩壊を促進させる 12 の操作−

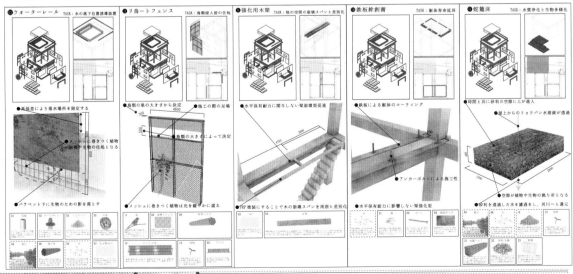

（1日目）

齊藤良博賞
Yoshihiro Saito Award

ID154

藤原 未来
Miku Fujiwara

信州大学

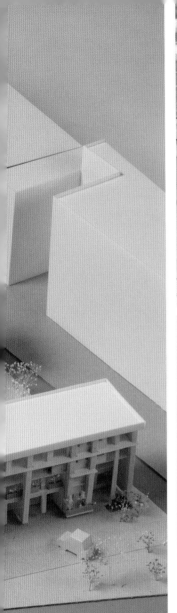

Project

減築による若里団地の再生 —余白空間の緑地化—

近年、団地において建物の老朽化と人口減少による空き住戸の増加が深刻化しているなか、建て替えか用途廃止を余儀なくされる団地が増加している。そこで取り壊しを見据えた段階的な減築を行うことにより、人と人、人と自然がかかわりあう空間を再編する団地再生を提案する。また、減築部分をはじめ敷地全体を緑化することで時代とともに失われてきた自然を取り戻し、都市・地域にある余白空間の緑地化を目指す。

作品講評

● 日本の団地は簡素なデザインだが、もしかしたらアレンジ次第では、この作品のような綺麗なものが出来るかもしれない。やはりアレンジすることは大事。団地という素材に注目した着眼点が良い（安東）

● 徐々になくなっていくというのはいいかもしれない。ID148坂口さんの作品と共同で取り組んだら面白そう（深堀）

● 団地の減築というものすごくシンプルなアイデア。老朽化して物理面でも使用面でも寿命が短い作品に対して、減築するという1コンテンツだけで応答し、かつ造形力がものすごく高い。ファサードの絵を見ただけで、なんだか住みたくなるような、気持ち良さそうだと思わせるような画力の強さがあった（齊藤）

■program

近年、団地において建物の老朽化と人口減少による空き住戸の増加が深刻化しているなか、建替え用途廃止を余儀なくされる団地が増加している。そこで取り壊しを見据えた段階的な減築を行うことにより、人と人、人と自然がかかわりあう空間をつくり出す団地再生を提案する。また、減築部分をはじめ敷地全体を緑化することで時代とともに失われてきた自然を取り戻し、都市・地域にある余白空間の緑化をめざす。

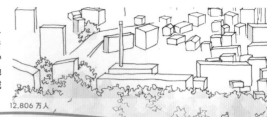

人口推移グラフ
8,320万人 12,806万人 余白空間 8,808万人
1950 1955 1975 2000 2010 2020 2065

■site：長野県長野市若里　市営若里団地

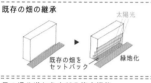

既存の畑

第1号棟　第2号棟　第3号棟　第4号棟　第5号棟

4分の1が空き住戸
（2020/10/30時点）

■diagram

人と自然の関りを持たせる空間づくり。

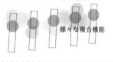

既存の畑の継承
太陽光
既存の畑をセットバック
緑地化

新たな生活動線"風の通り道"
風の通り道

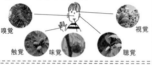

風の通り道から広がる複合機能
様々な複合機能

五感にはたらきかける樹木
嗅覚　視覚　触覚　味覚　聴覚

段階的な減築と緑地化
耐震に関わる既存躯体を残し、下層部分を初段階で減築する。空き住戸数が増加するとともに上層階からのヴォリュームダウンを図る。最終段階では都市公園のような空間になる。
減築部分

■plan

風の通り道を中心に人々の活動が溢れ出し、自然が包み込む。
減築部分に様々な空間と機能が絡み合い、人と人、人と自然がかかわりあう空間になる。

趣味の部屋へ
ゴオラ　ツバキ
風の通り道の壁がギャラリーになる
2階のカフェへ
子どもたちが思い思いに溢れ出す
風の通り道
こどものへやへ
ソヨゴ　プラタナス　ミズナラ　カキ

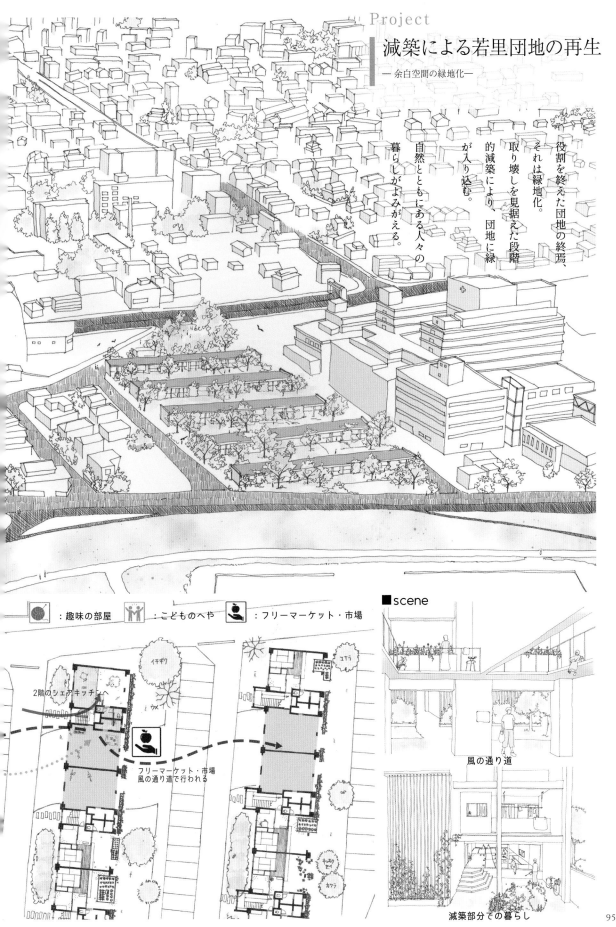

減築による若里団地の再生
― 余白空間の緑地化―

役割を終えた団地の終焉、

それは緑地化。

取り壊しを見据えた段階的減築により、団地に緑が入り込む。

自然とともにある人々の暮らしがよみがえる。

:趣味の部屋　:こどものへや　:フリーマーケット・市場

2階のシェアキッチンへ

イチヂク

ウメ

ユズラ

フリーマーケット・市場
風の通り道で行われる

■scene

風の通り道

減築部分での暮らし

（1日目）

原田祐馬賞
Yuma Harada Award

ID131

芝村 有紗
Yusa Shibamura

名城大学

Project

岡崎田んぼ再興

2020年、岡崎市ではサプライズ花火が行われた。近所の人々が田んぼに集い、虫の音、草や土の香りを感じながら見た花火の感動を忘れられない。季節を感じさせる要素として田んぼは印象的な存在である。しかし近年、遠くまで見渡せたはずの田んぼが宅地化で無くなりつつある。本制作では、田んぼの美しい風景とともにある人々の集う場を設計した。四季を追うごとに共に変化し、内部空間も変わり、過ごし方が変わっていく建築。

作品講評 ───────

●この建築の三角形の形状はよくある様式だと思うが、すごく機能性のある設計がされている。岡崎の花火に関してなど、制作者が見たい風景に対する強烈なビジョンを持っていると感じた。また、本人だけでなく、おそらく周辺の人たちの原風景に対して、圧倒的に一番もがいてつくった感じがする。建築を1つの装置として捉えて、春夏秋冬をきちんと設計しているのが非常に評価できる（原田）

■岡崎市と田んぼの関係

岡崎の花火が大きく発展を遂げた一因として、住民達が、豊作を祈るための神様へのお供え物として花火を捧げたことが挙げられる。また、私の住む岡崎のとある学区では、10月になると五穀豊穣を祝うお祭りが各町内で行われる。お祭りの日には子供達がお神輿を担ぎ、爆竹の音と子供の声が響き渡る。このように、岡崎市民にとって田んぼは身近な存在であり、季節を感じさせる要素として大きな役割を担っていた。

---

05 リサーチ. 米作りの1年

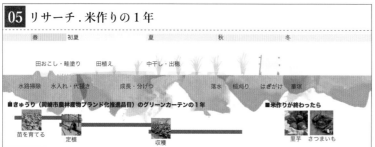

春	初夏	夏	秋	冬
田おこし・畦塗り	田植え	中干し・出穂		
水路掃除　水入れ・代掻き	成長・分げつ	落水　稲刈り　はぎがけ　藁塚		

■きゅうり（岡崎市農林産物ブランド化推進品目）のグリーンカーテンの1年

苗を育てる　定植　　収穫

■米作りが終わったら

里芋　さつまいも

---

06 手法1. 水路と畦道

対象敷地の田んぼには農業用水路と畦道が通っており田んぼの中を歩く事が出来る。歩いていると、私有地と公道との境目が分からなくなり、子供達を思わぬ場所へ連れていくのに重要な役割を果たしていた。その為今回の提案は水路と畦道から入れるように配置する。

---

09 季節ごとに人々の手によって変化するファサード、空間体験

■春分の日（3/21頃）

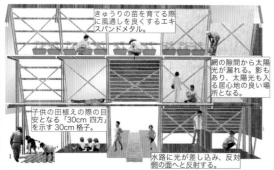

きゅうりの苗を育てる際に風通しを良くするエキスパンドメタル。

網の隙間から太陽光が漏れる。影もあり、太陽光も入る居心地の良い場所となる。

子供の田植えの際の目安となる「30cm四方」を示す30cm格子。

水路に光が差し込み、反対側の面へと反射する。

水路に光が反射する

網の影が落ちる

水と土をかき混ぜる

エキスパンドメタルで育苗

「30cm四方」で田植え

柔らかい光が皆を包む

子供を眺める

■夏至の日（6/21頃）

初夏にきゅうりの苗を植え、少しずつ伸び始めていく。春とは異なった影のある居場所となる。

ポリカボネードから優しい光が入る。

スズメ対策の網をファサードから外し、田んぼにかける。風が抜けていく。

水位が上がり、30cm格子が水没する。

少し稲穂が伸びる

青空を切り取る

3階の影が落ちる

光と影のある水路

グリーンカーテンが伸びる

30cm格子が水没する

強い光が落ちる

網を外し風通しが良くなる

スズメ対策の網をかける

岡崎田んぼ再興

01 背景 1. 田んぼにまつわるシーン収集

印象深い、岡崎における田んぼにまつわるシーン達。

02 背景 2. 宅地化する生産緑地

■岡崎市における生産緑地の減少

昭和 38 年　　昭和 61 年　　平成 29 年

岡崎では平成に入ってからは宅地化が進み、対象敷地は今や市街化区域の中でも生産緑地が残るわずかな地域となってしまった。私が小学生の頃は家の近くの田んぼから岡崎の花火大会を眺めていたが、今では住宅が迫ってきており、花火を見ることができた田んぼの抜けが失われつつある。都市計画上、この地域はさらに住宅が建ち、田んぼは更に減っていくことになる。また、2022 年問題もあいまって、緑地が失われるスピードはさらに早くなっていくことが予想されている。

03 提案

■子供の米作り体験をサポートする設え＋地域の人が集う場

宅地化によって失われつつある岡崎の美しい田んぼの景色を残すだけでなく、生活道路で触れ合うことのできる身近な自然である田んぼを、より人々が「入っていいものなのだ」と思える皆に開かれた場とする。また、子供達の校外学習が行える仕組みを作ることで、年齢を重ねても思い出す馴染み深い場とする。

04 対象敷地

宅地化された田んぼ　　対象敷地

対象となる敷地は、愛知県岡崎市のとある生産緑地である。この場所は市街化区域に指定されており、田んぼが無くなっていく。対象敷地も宅地化されることが予想される。また、対象敷地は幼・小・中学生の通学路のそばであり、高齢者施設も近くにあることから、多くの世代に使われると予想される。

07 手法 2. 形態と勾配

■はざ木をモチーフとした形態、稲の生育を邪魔しない 60 度の勾配

形態は、稲を干すための架構である「はざ木」のトラスをモチーフとする。米作り期間の稲への日射の当たりを考慮し、比較的太陽の位置が低くなる 4 月中旬の太陽高度を計算し、勾配を 60 度とする。

08 手法 3. 太陽高度による内部空間の変化

■提案に対する日射の入り方

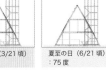

春分の日（3/21 頃）：45 度　　夏至の日（6/21 頃）：75 度　　秋分の日（9/21 頃）：45 度　　冬至の日（12/21 頃）：18 度

対象敷地において、太陽高度は以上のように変わっていく。これらの太陽高度の変化が内部空間の変化へと落とし込むことができるように操作を加えた。

■秋分の日（9/21 頃）

はざがけを行う。春、夏まで明るかった内部に影が落ちる。

グリーンカーテンがファサードを覆い、稲との色が対比的になる。

ポリカボネードが、暗くなった内部の窓となる。

七輪で焼き鳥を焼いて水路で食べる。

足元の抜けが稲穂に覆われる。

焼き鳥を焼く　　はざがけをする　　影が映る

煙が充満する

稲穂を眺める　　稲穂が輝く　　様々な素材の影が落ちる　　稲穂を横並びで眺める　　足元からコンバインを覗く

■冬至の日（12/21 頃）

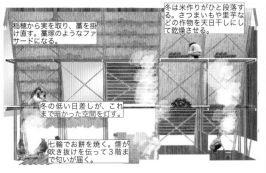

冬は米作りがひと段落する。さつまいもや里芋などの作物を天日干しにして乾燥させる。

稲穂から実を取り、藁を掛け直す。藁塚のようなファサードになる。

冬の低い日差しが、これまで暗かった空間を灯す。

七輪でお餅を焼く。煙が吹き抜けを伝って 3 階まで匂いが届く。

さつまいもを天日干しにする　　あちこちで煙が立ち上る

匂いが吹き抜けを伝う　　ポリカから光が差し込む

煙が立ち上る　　格子で暖を取る　　暗がりが冬の灯りで灯される

（2日目）

塚本由晴賞

Yoshiharu Tsukamoto Award

ID155

長谷 真彩

Maaya Hase

名古屋工業大学

Project

せと物のまち せと者のうつわ ─陶土採掘場における土の再考─

愛知県瀬戸市。陶磁器の代名詞ともなったせと物のまち。約1000年もの間、一度も途切れることなくせと物の生産を続けてきた。かつてはせと者と共にあった「土」は、現在人々の暮らしとは遠いものとなり、粘土資源の枯渇も懸念されている。何百年もかけ、地形が変わるほどに瀬戸を、せと物を、せと者を支えた「土」の産地で、もう一度「土」を再考・再認識する建築を提案する。

作品講評 ─────────────────────────────

● 問題意識として、実は大きな社会的背景に繋げようとしているのが良い。この建物をここに建てることの背景に、リニアの残土を持って来させないというすごく強いメッセージがあるのが、すごく面白い。また、一番単純な土と水の出合いを広めようとして、粘土の混合率を変えていろいろな体験ができるようにしている点も評価できる（塚本）

愛知県瀬戸市。陶磁器の代名詞ともなったせと物のまち。
約1000年もの間、一度も途切れることなくせと物の生産を続けてきた。
かつてはせと者と共にあった「土」は、現在人々の暮らしとは遠いものとなり、
粘土資源の枯渇も懸念されている。

何百年もかけて地形が変わるほどに瀬戸を、せと物を、せと者を支えた「土」の産地で、
もう一度「土」を再考・再認識する建築を提案する。

01 敷地：愛知県瀬戸市

私の故郷である瀬戸は、良質な土に
恵まれ陶磁器の代名詞ともなったせと
物のまちとして栄えた。
ここで掘られた土が焼き物になり、約
1000年もの間、一度も途切れず日
本中の人々の生活を支えてきた。

02 背景：資源の枯渇と土離れ

せとものを支え、何百年もかけて地形が
変わるほど陶土が掘り出されたこの地は、
現在

・工場地の奥にあるため住民の記憶から
の消失
・土資源の枯渇
・リニア残土受け入れによる「瀬戸のグラ
ンドキャニオン」と呼ばれる景観の消失
が懸念されている。

03 提案：土と水の再認識

粘土の原料でもある
「土」と「水」。

これらの混合割合を変化させ、様々な
形で利用する。

日常にある「土」と「水」の再認識を
おこなう。

04 ダイアグラム

登り窯の連続屋根 × 機能を蛇行配置し
たまりを生む → 土に
水（小川）をひく
＝粘土

05 工法：版築

採土場にて、この地の土と運ばれてき
た残土を用い、版築壁を作る。
職人による調合さえできれば、突き固め
るという簡単な作業のため誰もが建設に
携わることができる。
せと者と土に触れ、共に作り上げること
で、思い入れのある場所となる。

06 エネルギーシステム

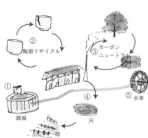

窯を中心としたエネルギーシステム
1.銭湯のお湯に窯の排熱を利用
2.廃陶器を粉砕し、再度窯で焼成し陶
器を製作
3.木を育て焼成に使う木炭生産
（カーボンニュートラル）
4.焼成時にでる灰を肥料として使用
5.傾斜を利用し、水車による水力利用

Project

せと物のまち せと者のうつわ

― 陶土採掘場における土の再考―

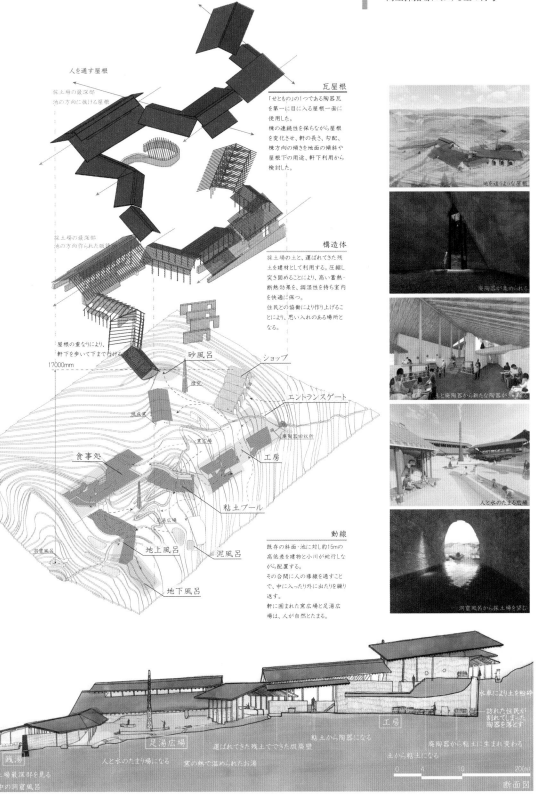

人を通す屋根

採土場の最深部
池の方向に抜ける屋根

採土場の最深部
池の方向に作られた版築壁

屋根の重なりにより、
軒下を歩いて下まで行ける

17000mm

砂風呂

ショップ

エントランスゲート

食事処

工房

粘土プール

地上風呂

泥風呂

地下風呂

瓦屋根

「せともの」の1つである陶器瓦
を第一に目に入る屋根一面に
使用した。
棟の連続性を保ちながら屋根
を変化させ、軒の長さ、勾配、
棟方向の傾きを地面の傾斜や
屋根下の用途、軒下利用から
検討した。

構造体

採土場の土と、運ばれてきた残
土を建材として利用する。圧縮し
突き固めることにより、高い蓄熱・
断熱効果を、調湿性を持ち室内
を快適に保つ。
住民との協働により作り上げるこ
とにより、思い入れのある場所と
なる。

動線

既存の斜面・池に対し約15mの
高低差を建物と小川が蛇行しな
がら配置する。
その合間に人の導線を通すこと
で、中に入ったり外に出たりを繰り
返す。
軒に囲まれた窯広場と足湯広
場は、人が自然とたまる。

地を這うような屋根

廃陶器が集められる

土と廃陶器から新たな陶器が

人と水のたまる広場

洞窟風呂から採土場を望む

水車により土を粉砕

訪れた住民が
割れてしまった
陶器を落とす

工房

粘土から陶器になる

廃陶器から粘土に生まれ変わる

運ばれてきた残土でできた版築壁

土から粘土になる

窯の熱で温められたお湯

人と水のたまり場になる

足湯広場

銭湯

採土場最深部を見る
土中の洞窟風呂

0 4 10 20(m)

断面図

（2日目）

中山英之賞

Hideyuki Nakayama Award

ID136

宮西 夏里武

Karibu Miyanishi

信州大学

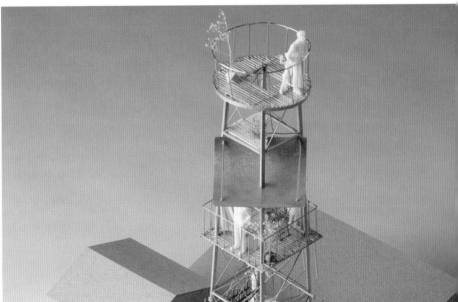

Project

繕いを、編む —千曲川水害後1年目の街の修復風景の集積による失われた児童館の再建—

千曲川水害から1年が経過した長野市長沼地区を観察すると、未だ住民による小さな修繕が続けられていることに気づく。生きるための修復が、この街の失われた児童館を取り戻す手掛かりになり得ないか。修繕に用いた建材を、水害に耐えた『本体』となる火の見櫓や体育館跡へ集めることで、街の復興速度に呼応した児童館が少しずつ立ち現れていく。これは建築家である私と、『繕う』ことを楽しむ長沼住民の5年間の復興の物語。

作品講評

● 繕いを建築の問題にしようとしたのはすごく良い。大量消費の時代に捨ててしまうのではなく、繕うという文化はすごく大事だと思う。それによって、自分にできる循環の構築や自分のスキルの向上などもできる（塚本）

● 被災してから間もない時期に行なう、櫓を遊び場に変えていくという計画は、「繕い」という言葉に合ったスケール感や材料の大きさ、そのための運搬などのイメージが湧いた。そこから復興期に入り、ありあわせの躯体と材料という最低限の手数で児童館をつくる際、「繕い」を一歩超えた、建設という段階になったようにも見えた（中山）

● 火の見櫓が結構高い位置で展望台のようになっているので、例えば上まで上って川を見ながら、災害についての少し教育的な話をすることができると良いなと思った（岩月）

繕いを、編む

- 千曲川水害後1年目の街の修復風景の集積による失われた児童館の再建 -

五 赤沼の火の見櫓 × 調理室

雨水貯
共同キッチン

リンゴ畑地が周辺に広が
赤沼地区の火の見櫓に
調理室としての機能を付け加え
不良林檎を農家が調理し
子どもたちに振る舞
食材のストッ

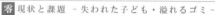

【私が此処に建築する理由】 2019 災害

2019/10.13 千曲川堤防決壊により被災し、甚大な被害を受けた長野市長沼地区を対象敷地に、失われた児童館の再建プロセスを提案します。水害により地区唯一の児童館は浸水し、子どもたちの公園はごみ置場と化しました。

今、被災一年目の街には住民のささやかな『繕い』が溢れています。これらを集め、子どもの居場所に再生できないでしょうか。

これは私がボランティアだけでなく、建築家として住民と一歩ずつ児童館を建ちあげていく未来の記録です。

- 千曲川水害発生

長野市北部に位置する長沼
北に縦断する千曲川に近接す
には広く林檎樹林が広がり、
が農家として生計を立ててい
10月13日に発生した台風19
で、増水した堤防が決壊し、
浸水被害をもたらした。これに
内全住戸に1-4mの浸水被害が

零 現状と課題 - 失われた子ども・溢れるゴミ -

地区内唯一の児童館も2mの床上浸水被害を受けた。現在、近隣の小学校に機能を移し運営されているが、再建の目途は立っていない。また、地区内の近隣公園は災害ごみの仮置き場となり封鎖されている。子どもたちは室内外の居場所を奪われ、行き場を失っている。同時に被災1年目の今、災害で直接生まれたゴミとは別の解体ごみの処理費用問題が生まれている。

災
解

三 全体計画 - 復興と共に児童館を『繕う』-

はじめに街に点在する火の見櫓に住民が個別の修復に用いた建材を集積させ、分館としての機能を与える。その後、被災した公共施設の解体ごみを転用・再構築した本館を計画する。復興速度に呼応した児童館が街に少しずつ立ち現れていく。

【長沼児童館 段階再生プロセス】

	Fase1: 復旧期	Fase2: 再生期	Fase3. 発展期
調査 構想 材収集	調理室 学習室 集会室	遊戯 集会	

四 手法 - 『繕う』ことと建築 -

どのように建築するか

- 水害後一年目の修復風景より -

『雨をしのぎたい』という根源的な欲求 → 『ブルーシートの屋根で覆う』という即物的応答

失われた児
のシーン

失われた空間シーン ── 『繕い』の発生

住民が即物的な繕いを行
空間の欠落に合わせ
その時々で必要な繕いを行

『繕い』には住民の生きるための希望が反映される。スケッチを行いながら住民たち
再生したい空間をイメージし、トライアンドエラーを繰り返しながら『繕い』を組み合

『繕い』の運び屋【リンゴ農家】

災害・修復時に活用

りんご農家

『繕い』のサイクル

児童館

児童館が『繕い』の
ストックになる

リンゴ農家が住民の半数以上を占める長沼地区にとって軽トラックは、どの家庭に
解体資材は住民自らトラックに積み、見櫓と集積させる。
住民自らで立ち上げる児童館が生まれる。

穏やかな住宅街の火の見櫓を
象徴空間へと再生する。
住居の解体に出た木材は
壁に貼り付けられ、架設になる。
火の見櫓を日常的にも嵩して
櫓の存在を周囲に知らせる。

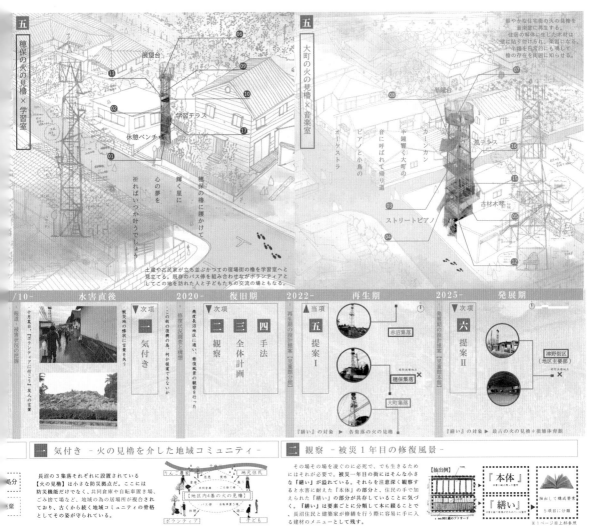

五 ｜ 穏保の火の見櫓 × 学習室 ｜

展望台
学習テラス
休憩ベンチ

穏保の櫓に腰かけて
輝く星に
心の夢を
祈ればいつか叶うでしょう

土蔵や古民家が立ち並ぶかつての宿場街の櫓を学習室へと
見立てる。既存のバス停を組み合わせなががボランティアと
してこの地を訪れた人と子どもたちの交流の場ともなる。

五 ｜ 大町の火の見櫓 × 音楽室 ｜

半鐘台
カーンカン
半鐘響く大町の
音に呼ばれて帰り道
ピアノと小鳥の
オーケストラ

鳥テラス
古材木琴

ストリートピアノ

| /10- | 水害直後 | 2020- | 復旧期 | 2022- | 再生期 | 2025- | 発展期 |

十月五日、「ボランティアに行こう」友人の言葉
報道：被災状況の記録

▼次項
一
気付き

観察の惨状に言葉を失う

▼次項
二
観察
三
全体計画
四
手法

被災長沼地区に通い、修復風景の観察を行った
この街の復興の為、何か提案できないか

▲当項
五
提案 I

再生期の設計提案【児童館分館】

赤沼集落
穏保集落 ×
大町集落

『繕い』の対象 ▶ 各集落の火の見櫓

▼次項
六
提案 II

発展期の設計提案【児童館本館】

津野街区（地区主要部）

『繕い』の対象 ▶ 最古の火の見櫓＋損壊体育館

気付き － 火の見櫓を介した地域コミュニティ －

長沼の3集落それぞれに設置されている
【火の見櫓】は小さな防災拠点だ。ここには
防災機能だけでなく、共同倉庫や自転車置き場、
ごみ捨て場など、地域の為の場場所が複合され
ており、古くから続く地域コミュニティの骨格
としてその姿が守られている。

りんご案内
地元住民
地区内4基の火の見櫓
バス停
ボランティア
子ども

観察 － 被災1年目の修復風景 －

その場その場を凌ぐのに必死で、でも生きるため
にはそれが必要で、被災一年目の街にはそんな小さ
な『繕い』が溢れている。それらを注意深く観察す
ると水害に耐えた『本体』の部分と、住民の手で加
えられた『繕い』の部分が共存していることに気づ
く。『繕い』は要素ごとに分類して本に綴ることで
、長沼住民と建築家が修繕を行う際に容易に手に入
る建材のメニューとして残す。

【抽出例】

no.001のファサード

『本体』
『繕い』

抽出して構成要素を
5項目に分類

※1 ページ目上部参照

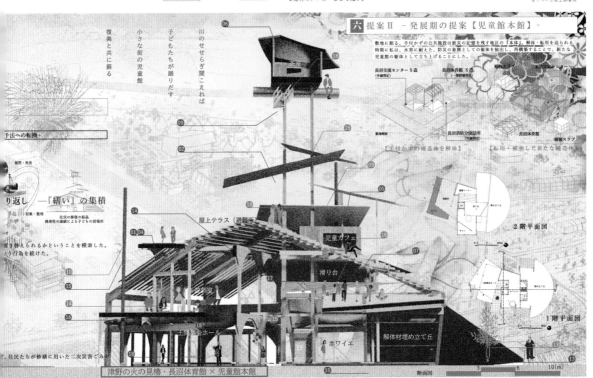

六 提案 II － 発展期の提案【児童館本館】－

敷地に眠る、手付かずの公共施設は被災の記憶を残す地区の『本体』。解体・転用を迫られる
時期に私は、水害に耐えた、防災の象徴としての躯体を抽出し、再構築することで、新たな
児童館の躯体として立ち上げることにした。

長沼交流センター S造（半補強判定）
長沼体育館 S造（一部破損判定）
長沼消防分団詰所（半補強判定）
長沼体育館
補強スラブ

手付かずの躯体を解体
転用・補強した新たな躯体

2階平面図
1階平面図

小さな街の児童館
復興と共に蘇る

子どもたちが踊りだす

川のせせらぎ聞こえれば

手法への転換

疑問・発見

繰り返し －『繕い』の集積

改善・整備
住民の修復の結晶
偶発性の連続による子どもの遊場所

置き換えられるかということを模索した。
く行為を続けた。

屋上テラス（避難所）
児童カフェ
滑り台
王町児童会ホール
ホワイエ
解体材埋め立て丘

津野の火の見櫓・長沼体育館 × 児童館本館

断面図

3 6 10(m)

、住民たちが修繕に用いた二次災害ごみ・

（2日目）

岩月美穂賞

Miho Iwatsuki Award

ID160

沢田 雄基

Yuki Sawada

名古屋工業大学

Project
都市水景再生

かつて名古屋の舟運を支えた堀川と中川運河。両運河の間に取り残された遺構である水門、その流れに停留する特性から、既存の水上交通の拠点となる水上バスターミナルを計画し、広域的な水上交通のネットワークを形成する。観光客と市民を滞在させ、新たな交流の場となるターミナルは都市の水景を再生させる。

作品講評

● 2つの閘門を通して切る断面が欲しい。その向こう側にデッキがある立面があり、どのように人がそこに滞在していられるかがわかるものがあると、さらに良いと思う（塚本）

● 変化の過程にある2つの交通を支えているものが、たまたま隣り合っているという状態は、思っている以上に不思議な対比として今後意味を持つのではないか（中山）

● すごく気持ちの良い空間で、水辺を意識して上のほうまでセットバックするなど、たくさんスタディをしたように感じられた。中に光が入るような工夫も考えられている。川沿いにある水辺を掘り下げるということを、現状の環境を生かしながら設計していて、しっかりできていると思った（岩月）

00. 計画概要 - 都市の水辺空間の再考

1. 人々が寄り添う場

生活汚水が流れ込んだり、工場やビルなどが立ち並び、人々が寄り付かない河辺空間を、市民や観光客が集い、水辺の利用のできる空間とする。
→通過する場から滞在する場所への再考

2. 運河景観の保存と活用

倉庫群、特徴的な構造などの歴史的な資源や運河特有の空間や景観が存在し、それらの資源を保存・活用していきたい。
→未活用のポテンシャルを持つ資源を活かす

3. 水上交通の展開

1日に数度の利用しかない河川に水上交通を誘導することにより、都心にいながら水辺を感じることのできる空間作りを行う。既存の水上バスを展開し、観光や通勤通学に利用できる水上バスを検討する。
→堀川・中川運河が連携した広域的な水上交通のネットワーク化

01. 背景

名古屋市を流れる中川運河と堀川の両河川は、名古屋港と都心を結ぶ水運物流の軸として開削され、従来の輸送時間・経費の非効率を解消することができ、名古屋の物流に大きく貢献し、経済・産業の発展を支えてきた。貨物輸送がトラックへと変化したことなどから現在は1日数度の船の往来となっており、利用がされなくなり、また、都市化とともに、周辺の建物に背かれ、河川と街は関係を失っている。

02. 敷地 - 都市に残る遺構

1-1. 運河の交差点『松重閘門』

堀川と中川の2つの運河には1.5mほどの水位差があるため、松重閘門により水位を調整することで、2つの運河の通行がでぎ、物流の要素として利用されていた。閉鎖された現在は、閘門周辺の水路は埋め立てられ、訪れる人はない。幹線道路は拡幅され、さらに運河周辺を開通したため閘門は完全に分断されている。
→中川運河と堀川を繋ぎ、連携した水上交通の形成が可能な閘門にする
→水上交通の拠点となるポテンシャルがある

1-2. 松重閘門の仕組み

❶ゲートaを開いて、船が閘室に入る。
❷ゲートaを閉じ、ゲートbの弁を開き、堀川の水を閘室に入れ水位を上昇させる。
❸閘室の水位が堀川と同じになったとき、ゲートbを開く、船は堀川に入る。
→水位調整を行っている間、流れに停留する必要が生み出される

建設当時の松重閘門　　　松重閘門の仕組み

03. 建築提案

> 観光客と市民が滞在し、新たな交流の場として
> 『河川』『駅』『人』を繋ぐ結節点となる複合施設の提案

①観光客と市民の拠点となる水上バスターミナル
→松重閘門の構成を復活させ、堀川と中川運河を接続する
→運河間の往来において、流れに停留する必然性を活かした水上バスターミナル
→既存の水上バスと連携し、水上交通の拠点となる建築

②滞在できる複合施設
→ターミナルという場所の特性である通過する場所ではなく、滞在する場所とする
→通過にかかる約一時間を船から一度降りて滞在するための建築
→地上から建築に引き込むようなプロムナードとの接続計画

③新たな交流の場としての建築
→水上バスを利用する観光客と日常利用する市民との新たな交流の場
→複合施設と結び付けて賑わいが溢れ出していく発信する建築

04. 設計 - 運河らしさの抽出と創出

拠点となる建築とするため中川運河と堀川の川沿いを構成する要素を捉え、中心となる建築としてふさわしい形態を創出する。川沿いらしさを学ばせて、両運河の中心となる建築とする。

鉄骨トラス　　大架構　　　フレーム

巨大な梁　　　連続する非常階段　　　川辺方向へのデッキと手すり

作例に出た配管　大きな開口の入り口

水子テラスのずれ　　斜めの地形

05. 水上交通ネットワーク

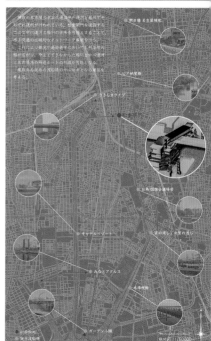

06. 設計 - 全体構成

高さ15mの巨大な高速道路と幅50mの幹線道路によって分断されてしまった敷地に対して、中川運河と堀川を繋ぐ場としてふさわしい建築となるよう、分断させていた高速道路と幹線道路の上に大橋を架けることで繋がりをもたらす形態とする。スラブを複数挿入し高さと親水空間を活かし立体的な回遊性を持たせる。

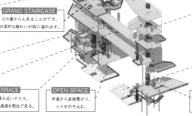

GARDEN
地下に埋まる松重ポンプ所の配管から水を汲み込み利用している。水は緩やかに建築を流れていく。

POP-UP GALLERY
市民が自らの作品を気軽に展示できる。また、水辺空間を覗き込むことができるように角度をつけた配置としている。

STUDY ROOM
図書館に隣接した水と緑に囲まれた落ち着いた空間。

RESTAURANT
食事やお茶をしながら、閘門を眺めに過ごし、東方向の堀川船溜り、屋形船や夜の景色を楽しめる。

LIBRARY
多くの利用者を引き付ける目的施設である図書館は上層に計画しており、そこに至るまでの過程を、交流や情報発信ができる場とし、興味を持たせるようにデザインしている。

GRAND STAIRCASE
どの場からも見ることができ、日常的な賑わいが街に溢れ出す。

SHOP
お店や売店で買った食べ物は水景に面した隣のデッキ空間ですぐに食べることができる。

WAITING ROOM2
水位よりフロアレベルが低くなる待合室。水位変化を体感でき、水面の位置により発着の時間がわかる。

WAITING ROOM1
東西へ横断する細長い待合室。ガラス張りの待合室から、行き来する船や、水景空間を見ることができる。

TERRACE
河川に最も近いテラス。閘門、船の通過を眺めて見る。

OPEN SPACE
歩道橋から直接誘導ができ、人々を引き込む。

TICKET OFFICE
幹線道路で分断されているため、東西の両側に配置して対応している。

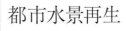

都市水景再生

多くの市民をひきつける目的施設である図書館やポップアップギャラリーを上の階に計画、そこに至るまでの道筋である下の階には観光客が利用する待合室やショップを計画。中与り階には、多くのテラス空間を配置、市民と観光客の交流や興味を触発するように計画した。

再生断面図 1/1250

A-A' 断面図 1/1250

中川運河と堀川との往来において、閘門の水位調節を行うという特性は、流れに停留する必然を生み出し、駅となりうる潜在性がある。
通過にかかる約一時間の間、人々は一度船から降りて、建築内に滞在し、船に戻る。

下船客動線　裏方動線　乗船客動線

地下1階平面図 1/1250

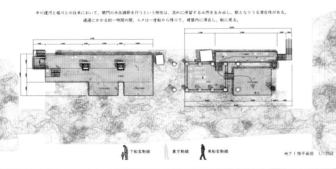

1 MACHINE ROOM
2 ELEVATOR
3 WC
4 TICKET OFFICE
5 OFFICE
6 TERRACE
7 WAREHOUSE
8 CONFERENCE ROOM
9 THEATER

10 WAITING ROOM
11 SHOP
12 GYM
13 RESTAURANT
14 GRAND STAIRCASE
15 LIBRARY
16 STUDY ROOM
17 POP-UP GALLERY
18 RESTSPACE

地下2階平面図 1/1250

Participation
Designs

NAGOYA Archi Fes 2021

作品紹介

ID101

山本 さゆり

Sayuri Yamamoto

名古屋大学

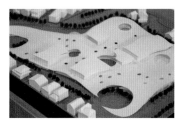

Project

ひとりで学ぶ
みんなで学ぶ

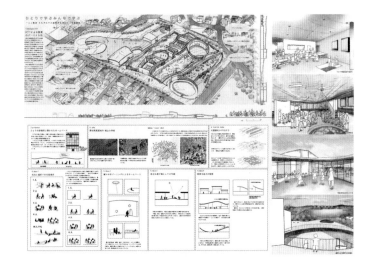

教育現場において、一人一台の端末配布や校内LANの整備などのICT化が進められている。AIにより個別最適化された問題を解いたり、自分の端末を用いた表現を学ぶ、海外や大学と繋がって学ぶなど、一人一人の長所を伸ばす機会を設けたりできるため、教育は今後よりパーソナルなものになっていく。一人一人が選択できる居場所をつくり、オープンなホームベースとする。それらがランドスケープ的に配される公園のような小学校を提案する。

ID102

米田 直泰

Naoyasu Yoneda

名古屋大学

Project

響きあう街並み

─ トオリニワの拡張による竹鼻拡張計画 ─

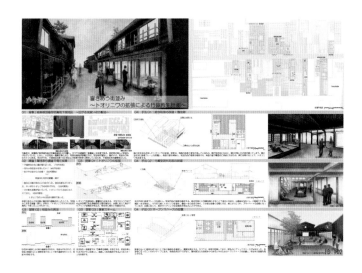

岐阜県羽島市竹鼻町は、綿織物「美濃縞」の生産で栄え、町家の美しい街並みがあったが、高齢化・人口流出等により、町家の維持が困難になり、虫食い状の土地が広がり、街並みが悪化し、賑わいも失われている。そこで空き地に対して、①既存町家、②現代町家（新築）、③オープンスペースにおいて、「トオリニワの拡張」を行う。これにより、街全体にトオリニワが張り巡らされ、街全体の活気が取り戻され、竹鼻が再生される。

ID103

藤本 奈々

Nana Fujimoto

名古屋大学

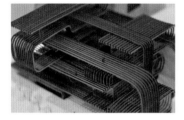

Project

隙間を織る

絡まり重なる帯が"隙間"と呼ぶ多様な空間を生み出す建築である。その"隙間"には、静岡県浜松市の地場産業である遠州織物の柔らかくあたたかな布の風合いを実感し、体験できる空間が散りばめられている。この建築が遠州織物の発信拠点となり人々の憩いの場となる。

ID104

三原 陽莉

Hiyori Mihara

金城学院大学

Project

地方観光都市における観光客と住民のための「街図書館化計画」

かつての景観に依存した計画により表面的な再生を遂げ、南北に線引きされた街となった犬山城下町。参道を楽しむ観光客がいる一方で、住民にとってはただの通り道に過ぎない。本計画では、街の魅力的な景観を継承し歴史的価値を尊重することと、現代の生活にあった機能性を考えることの二つの側面から計画を行い、観光客と住民の両者に対し必要とされる日常的な場となることを目的とした、街づくりとしての図書館を提案する。

ID105

安田 郁人

Ikuto Yasuda

金沢工業大学

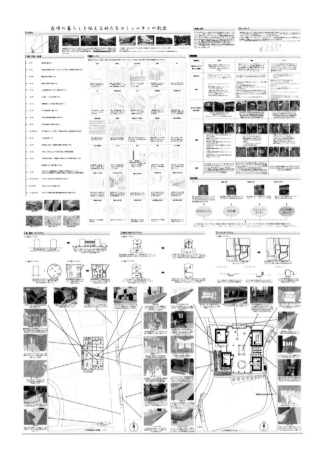

Project

白峰の暮らしを伝える
新たなコミュニティの創出

白峰では、若い人たちが地方での暮らしに飽き、なんでも手に入れることができる都市部へと憧れを抱いてしまうことから、白峰を離れ他の地域へ移ってしまっている。そこで、白峰にある良さをもう一度掘り出していき、現代的な価値を見つけていく。そして、現代としての新しい白峰の文化的生活というものをつくる拠点を創出することを目的とする。

ID106

東 明里

Akari Azuma

名古屋工業大学

Project

海マチ再編

日本は災害の多い国であるが、街として災害に備えられている地域は少ない。今回は災害時のみにしか使用されない防災施設を日常の一部として建築に組み込む提案。敷地は海に囲まれ、火山が近隣に存在する北海道室蘭市の室蘭港であり、漁業が地場産業として有名である。漁業の流れの中に街が保有する「防災フロート」を組み込むことで、人々にとって防災を身近なものとし、人が集うことでマチの拠点となる。

ID107

伊藤 舞花　野尻 紗絵香
Maika Ito　　Saeka Nojiri

陸るうつん
Utsun Rikuru

椙山女学園大学

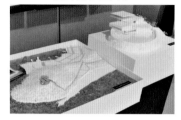

Project

闇上がりの崎

救いのシークエンス

昨今の著しい技術の進歩によりモノの豊かさが増える一方で心の豊かさはどうだろうか。日本人の多くは一日のほとんどを労働に費やし、身も心も疲れ切ってしまう労働環境や人間関係に悩まされている。精神的に追い詰められた人間は「生きているのではない、死んでいないだけ」という状況に陥ってしまう。自然豊かな伊良湖を舞台に建築的アプローチから訪れる人の潜在的力を呼び起こし、自ら立ち直るきっかけを与える場となる。

ID108

宮川 詩布
Shiho Miyagawa

名古屋工業大学

Project

まなびノ農舎園

― こどもと土地の生業者が織りなす風景―

子どもが育つ環境の中に、幸田の特長のひとつである「農業」という営みを組み込む。一年を通して季節の変化が可視化される畑という場の中で、農作物を"育てる"という一連の行為を通して、街、その土地、人と関わり合いながら子どもたち自身も成長していく子ども園を目指す。

ID109

奥原 舜也

Shunya Okuhara

日本福祉大学

Project

連続するひとつ屋根の下で

― 風景のリノベーションによる人と人の新たな関わり方 ―

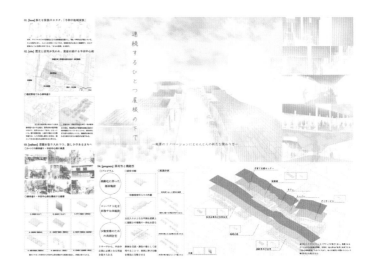

衰退する街の活性化を図るために望ましい建築とは
なにか。それは、歴史的側面から建築の再構成を思
考し、見せかけではない機能的な場をつくると共に、
住民が心地よい距離間で、同じ空間、同じ時間を共
有できる多様性を育む建築であると考えた。地域の
公と私が混ざり合い、集積されるたくさんの私物や気
配、交流は、他人同士が自然と共生する「令和の地
域家族」という新たな家族の形となり、他人や風景と
の関わりが街の魅力を生む。

ID112

中山 晋吾

Shingo Nakayama

名古屋工業大学

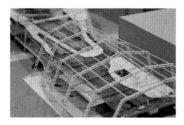

Project

高架上こども園

― 廃線鉄道跡におけるインフラの転換―

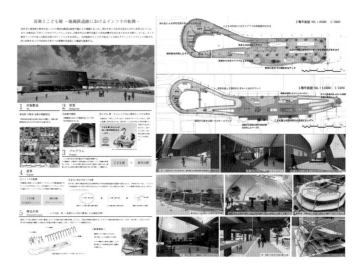

愛知県小牧市を走っていた桃花台鉄道は2006年
に廃線となった。役目を失った高架は現在も市中に
放置されている。また、小牧市は「子育て」を市のブ
ランドとしており、子どもを中心に世代を超えて市民
が繋がる街を目標としている。そこで、都市インフラで
あった既存高架のポテンシャルを引き出し、人の成長
のインフラである子ども園とグリーンインフラとしての
都市公園に転換することで、同市の子育てへの姿勢
を具現化した施設を提案する。

ID113

市瀬 智之

Tomoyuki Ichinose

名城大学

Project

街角群像劇

― 都市風景から考える建築空間の多様性 ―

都市の風景は未知で自由で複雑である。住民が彩る道端の植木鉢。建築に張り付く室外機や配管。街の人々の雑然とした心情を描写するかのようなグラフィティ。人や自然の偶発的な営みが生み出した多様なものたちの輪郭は、各所で自然発生的コラージュと言える風景を創出している。これはあたかも街というキャンバスに描かれた絵画であると私は感じる。マンションが乱立し単調化する街の風景に向けて、私は住民たちが彩る絵画のような建築を提案する。

ID115

谷 俊栄

Shunei Tani

名古屋工業大学

Project

漂う創造

私たちは大昔から大地と共に生活してきた。大地とはどこまでも続き、私たちにとってかけがえのない存在であることは間違いない。今日、宅地開発に伴い川からの氾濫を防ぐため調整池という大きな穴を設けている。調整池は土木的なスケールであり、マチとの断絶を余儀なくされ特異点として存在している。私は新たな調整池として、この失われた大地を再び取り戻す提案をする。

ID116

松原 成佳

Seika Matsubara

大同大学

Project

超擬態構築

看板は、母体である建築の本質を簡単に変えてしまう力を持つ。それは支配的かつ街の様相を決定づける。まるで、生物が他のものの様子や姿に似せる擬態のように変化し続け、街や時代の空気感に擬態し続ける看板建築は、変化し続けるという土地固有の力を引き出すのではないか。看板と建築が混じり合い、渾然一体となることで自らが周辺環境を創り出すような建築群を考える。

ID117

田中 丈

Jyo Tanaka

大同大学

Project

流転住居

— ふるまいと空間による相互変容設計 —

建築は一度建つと40年、50年と残り続ける。しかし、人のライフスタイルや社会状況は常に変わり続け、建築家の想定と実態にはズレが生じてくる。リノベーションを行うにしても、明らかにライフスタイルが変わる時にのみ行われ、その間は建築空間とふるまいの間に生じたズレが蓄積されていくことになる。もし建築空間がふるまいに合わせて細かく変化することができたら建築空間はどうなるのか。

■設計プロセス

人のふるまいに焦点をあてたプロセスを作成する。人の行為に対して空間に形状やスケール、質感を与える。与えた操作に対し、新たにズレた行為が発生すれば、その行為に合わせてさらに変化させる。また、長期間使われない空間は消滅させながら、行為に対して小さなリノベーションを数百と繰り返し、建築を生成する。

① 人　② 空間の付与　③ ふるまい
④ 空間の変形　⑤ 空間の付与　⑥ 新たなふるまい

ID118

園部 裕子

Yuko Sonobe

名古屋工業大学

Project

歩道橋横丁

―行き場をなくした歩道橋の逆襲と侵食―

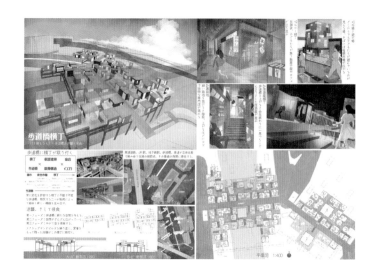

歩道橋に横丁を取り付かせたコンバージョン計画の提案。昨今の歩道橋の撤去の流れに疑問を呈し、歩道橋を残す方法のプロトタイプを模索した。歩道橋と横丁を融合し、段階を経ながら空中に都市が広がりやがて空を侵食する。スクラップアンドビルドを繰り返し、愛着をもって残った店がこの横丁に根付く。歩道橋横丁という人情と懐かしさとあたたかさの中で、歩道橋の逆襲が始まる。

ID121

横田 勇樹

Yuki Yokota

信州大学

Project

牧童が口ずさむ舎

― 人を繋ぐ牛舎型六次産業施設の提案 ―

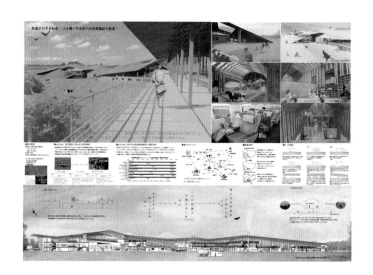

北海道二海郡八雲町は北海道酪農発祥の地である。しかし、酪農の担い手が減少し、耕作放棄地が増え続けている。また、他県から移住する新規酪農就業者は効率重視の畜産を広めており、過去の放牧風景は失われつつある。本設計は、乳牛という生き物のスケールで設計された牛舎を人と乳牛の共存のために再構築し、両者にとって活動のしやすい空間とすることで牛舎建築の在り方や、人々の関係性を再編する提案である。

ID122

永井 博章

Hiroaki Nagai

金沢工業大学

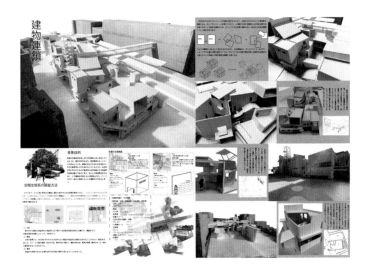

Project

建物連鎖

生物が生態系を形成しそれぞれ関係しあい存在しているように、都市や町村もまた、相互依存のネットワークを形成している。植物が自らのために光合成を行いそれが結果的に人のためになっているように、ある利己的につくられたものが結果的に他の利益になる他益的な状態は豊かであると思う。他人との相互関係を生み出し、この建築を利用する人が無限大のネットワークの中の一部だと実感することが重要だと思う。

ID123

諸江 龍聖

Ryusei Moroe

豊橋技術科学大学

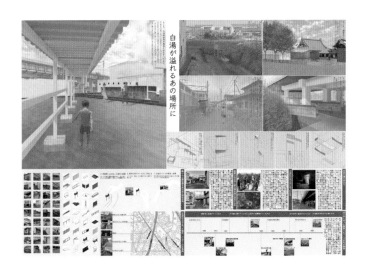

Project

白湯が溢れる
あの場所に

私はいつもある場所を探している。何をするわけもなく、ただそこに居られる自由な場所。そんな場所は建築に可能なのだろうか。管理や規制に縛られた窮屈な場所ではなく、どこか自由さを感じられる場所を建築によって獲得するため、静かな住宅街が広がる豊橋市小池町を舞台に考える。小池町のもう一つの物語を描くことにより、その断片となる5つの自由な場をこの街につくりだす。

ID124

本田 隼大
Hayato Honda

名古屋市立大学

Project

和解
— 北海道百年博物館 —

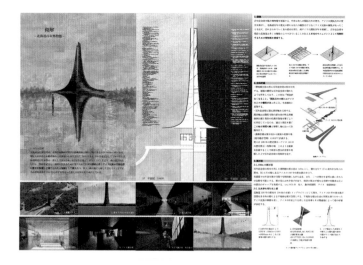

百年記念塔は北海道開拓百年を記念する高さ100mの塔である。負の遺産と化している百年記念塔を、現在の北海道は多くの犠牲の上でできていることを伝える本当のモニュメントとして再解釈するための博物館を提案する。

ID127

山本 拓
Taku Yamamoto

稲葉 魁士
Kaishi Inaba

愛知工業大学

Project

蒲郡地中海村構想
— 地方創生における「地域循環型アグリスケープ」の提案 —

温室みかんによって一大産業を築いてきた蒲郡市。他の農作物と同様にJAや全農園の仕組みにより、商品を卸すことで収益を上げてきた。しかし、それらの地域経済は破綻し、マチには荒れ果てた耕作放棄地が散見される。本提案では、道の駅の建設が検討されている敷地を対象に、農業の六次産業化と観光機能・賃貸機能・農業機能の挿入による人々の相互扶助を促す建築およびランドスケープ（地域循環型アグリスケープ）を提案する。

ID128

奥山 堅太

Kenta Okuyama

愛知工業大学

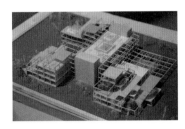

Project

つながりと緑の庁舎

ライフスタイルや社会の変化により、市庁舎の価値
が問われている。行政サービスを受けるためだけでは
なく、市庁舎が公園と一体化されたことで市民がより
気軽に訪れることができ、市民（地域やNPO、企業）・
行政・議会が交流、連携してゆくこれからの市庁舎を
提案する。

テラス

屋根付き広場

エントランス

外廊下

ID129

鈴木 媛子

Himeko Suzuki

名古屋工業大学

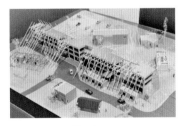

Project

暗渠への誘い

― 豊橋水上ビルの再編 ―

用水路の上に建てられた「水上ビル」。他に例を見な
いおもしろい建築は、人々で賑わった。しかし時代の
流れにより人通りが減り、活用のされ方も変化した。
時代を生き抜いてきた水上ビルを周辺環境と融合さ
せ、これからも生き続ける豊橋のシンボルとして再編
する。

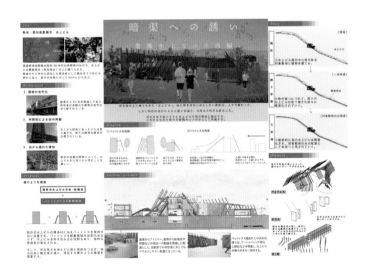

ID130

熊谷 誠

Makoto Kumagai

大同大学

Project

ぼくとかべ

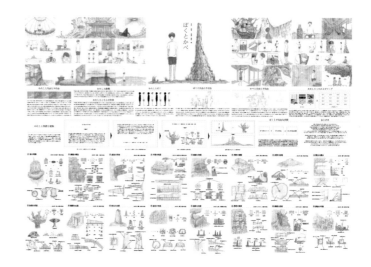

不自由だった22年間、辛い経験をした反面、たくさんの人に救われてきた。そして、社会を生きている人々もそれを抱えていることを知った。自分を救ってもらった分、次はそういう人々を救う側に立ちたいと考えた。不自由さを抱える社会に対して、誰かの不自由な経験とそれを乗り越えた方法や考え方を知ることが人生をほんの少し変えるきっかけになるのではないかと思う。そこで、自らの不自由な経験からなるもう1つのわたしを制作した。

ID133

田中 優衣

Yui Tanaka

信州大学

Project

日常が彩る商店街

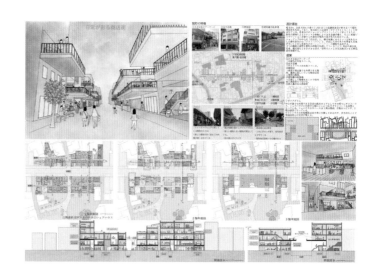

若者向けのショッピングストリートとして栄えてきたが、駅前の開発によるテナントの移動により空き店舗が増え、そこに高層ビルが建てられ現在の堅町の姿が失われ始めている。ショッピングが中心の「商店街」に、観光客向けの「ゲストハウス」と、若者向けの「シェアハウス」の機能を追加する。この3つの機能の境界を堅町の特徴を利用してつくることで、さまざまな世代・目的の人々との交流拠点となる商店街を提案する。

ID134

岡本 治己

Haruki Okamoto

金沢工業大学

Project

幻風景

— どこかでみた、どこにもない風景 —

私はつらい時や迷った時、なつかしい思い出や原風景に心を救われてきた。しかし、それらの記憶をつくる要素が街からなくなりつつあり、さらに、情報化社会で育った人たちはその要素に気づきづらくなっている。その記憶を子どもたちには持っていてほしい、そして、認知症の人たちには思い出してほしい。このプロジェクトは、何気ない日常の風景に気づきを与え、蓄積される経験の中に原風景を生成させる補助線のような建築である。

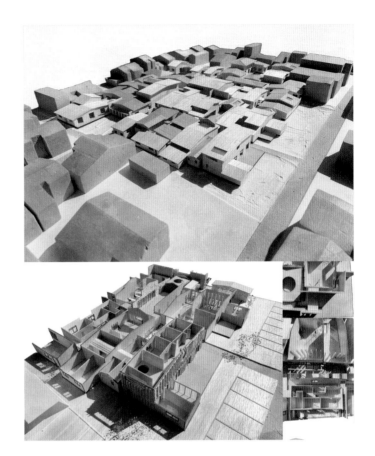

ID135

安東 真生

Masaki Ando

信州大学

Project

池田満寿夫美術館

— その作風の変遷に着目して —

本計画は20世紀に活躍した芸術家である池田満寿夫の個人美術館を設計する提案である。池田満寿夫美術館は長野市松代に2017年までの約20年間開館していたが、閉館した後、満寿夫の作品は所蔵庫に眠ったままになっている。また、エロスの作家と呼ばれる彼の作風から、正当な評価を受けていないという指摘がされている。そこで、満寿夫の作品をもう一度鑑賞できる場をつくると共にその生涯を体感する美術館を設計する。

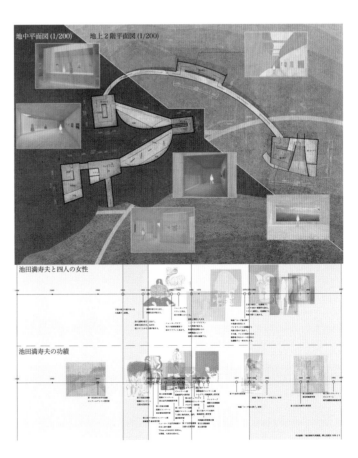

地中平面図 (1/200)　　地上2階平面図 (1/200)

池田満寿夫と四人の女性

池田満寿夫の功績

ID137

工藤 理美

Rimi Kudou

信州大学

Project

道草譚

— 小学校通学路における100の遊び場 —

現在、街の中での子どもの遊び場が減少していること
が問題となっている。小学校通学路におけるアンケー
トとヒアリングから子どもの道草遊び行動と通学路
環境との関係を分析することにより、100の遊び場を
設計する。子どもが道草する道環境の要素を道草の
きっかけとし、その要素を用いて道草遊びの空間を設
計することで、毎日の通学路が充実した生活の場とな
るよう提案する。

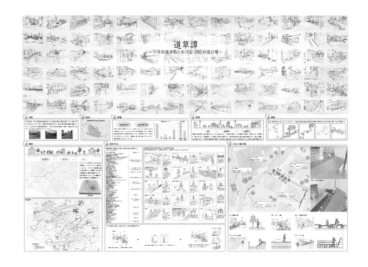

ID138

宮岡 美樹

Miki Miyaoka

東海工業専門学校金山校

Project

島びらき、人仕舞い

三重県鳥羽市の離島、神島で、人口減少・少子高齢
化と今や全国どこでも当てはまる社会問題に対して、
この島なりの島のこれからについて、一つの解答を探
す。島に残る廃材や家屋を、記憶や思い出としてカゴ
に詰め、島に残していくことで、島開きを行う。一方で、
1人のおばあちゃんとの出会いをきっかけに、この島
で、人仕舞いを行う。やがて島には、新しい風景が広
がり、更なる可能性を生み出していく。

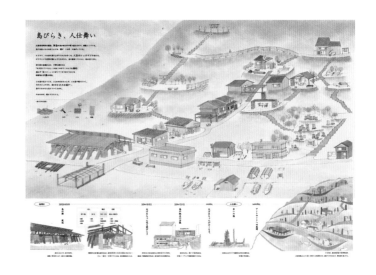

ID139

大石 啓明

Hiroaki Oishi

東海工業専門学校金山校

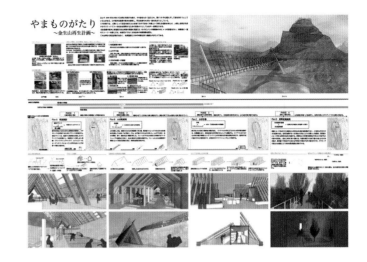

Project

やまものがたり

― 金生山再生計画 ―

金生山はおよそ2000年もの間、鉱山として文明に利用され続けている。豊かな暮らしの一方で山は削られ続け、その姿を消しつつある。今後50年を目処に石灰鉱脈が尽きる金生山にて、石灰産業から緩やかに林業へと産業の移行を行うため、100年のタイムラインに4つの計画を行い、産業と産業、人と人、文化を繋ぐ。日本の林業の問題の解決に寄与できる形で山を自然に還していくことで、山と人間との共存を図る。

ID140

竹内 渉

Wataru Takeuchi

名古屋工業大学

Project

邂逅の空隙

既存建築と敷地を3つに分割し、3者で建築を所有することで、個人当たりの建築維持費を低減させる。また、既存建築に対して斜めに通したパブリックな「ミチ」は、人を建築の中に引き込み、既存空間と対比しながら、地域特性であるY字路の風景を継承する。店舗・住居一体型の機能を組み込み、住人は新設した道に面した既存の空間で店を開くことで、生活の器である家の中に、小さな社会を入れ込む。

127

ID141

菅 智子
Tomoko Suga

豊橋技術科学大学

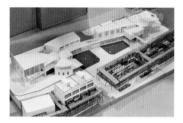

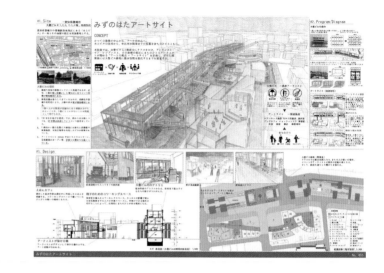

Project

みずのはたアートサイト

豊橋駅南地区にある大豊ビルは戦後、牟呂用水を暗渠化して建設された縦割り長屋の商店街である。ビルでは新たな魅力を発見した出店者が増加する一方で上階の住居は空き家が目立つ。界隈は劇場の開館、イベントを通じて芸術との結びつきを深めてきた。ビルの空き家にアーティスト・イン・レジデンスと南側にアートの拠点を計画し、ビル活用から親水空間になるまで街の人とともにあり、街のシンボルでありつづける場所を提案する。

ID142

林 佑樹
Yuki Hayashi

愛知工業大学

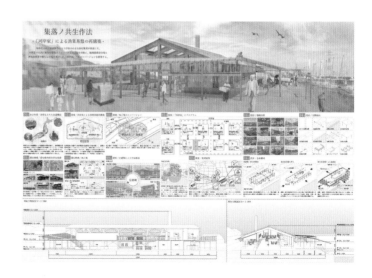

Project

集落ノ共生作法
—「河岸家」による漁業基盤の再構築—

効率化された流通構造により日本の小さな漁村集落が衰退した。本提案では漁村集落の建築ストックである加工場を対象に、地域循環型市場と新規漁業者の暮らしの場を複合した「河岸家」へのコンバージョンを提案する。

ID143

森下 大成

Taisei Morishita

大同大学

Project

死者と棲まう家

― 祠の聖俗から死生観を再考する―

無宗教状態な現代で、祠(屋根神)の聖俗を基に墓に代わる生きた存在を構想する。それにあたり、形骸化してしまうことを恐れ、より具体的な構想をする必要があると考える。そのため、自分と家族が歩んできたものを対象とする。私の先祖を対象に死者を弔うための場と死と向き合うための場を設ける。設計の対象として、墓や死生観の転換期である近代以降に亡くなった初代森下をはじめとする故人:8人・4世代・127年間を対象とする。

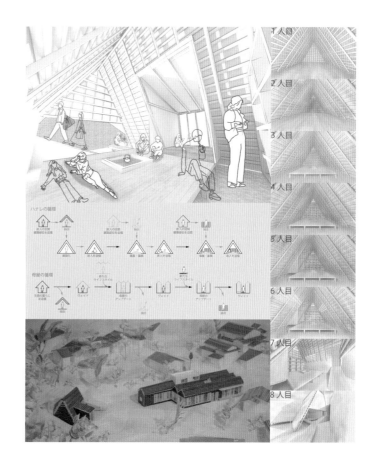

ID144

長谷川 将規

Masaki Hasegawa

名城大学

Project

幽玄建築

― 日本美による建築空間の再考―

現在、日本美は瀕死状態にある。高度経済成長期のモノこそ豊かさ、幸せの象徴であるという意識が未だに残っている。建築も同様に、機能、利便性が求められた結果、目的がない限り建築を体験するという機会が減少してしまっている。本提案は無目的の人でも建築を体験でき、その空間が日本美により構成されている体験型複合施設を提案する。

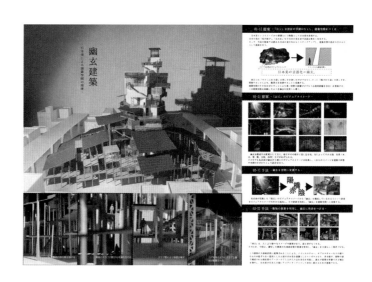

ID145

長谷川 真央

Mao Hasegawa

名城大学

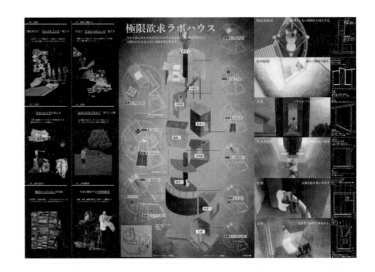

Project

極限欲求ラボハウス

私たちは毎日ご飯を食べ、安全な暮らしを手に入れ生きることができる。裏返せば効率化により定型化した箱に住まわされ、生きたいという意志なく現代社会に生かされているのではないか。そこで当たり前にLDKから住宅をつくるのではなく、人間の欲求から住宅をつくることを試みる。住宅のあり方が人間を最適化するのではなく、形なき精神のようなものを受け入れる、自分を自分で生かす暮らしの場を目指す。

ID147

佐藤 玄太

Genta Sato

豊橋技術科学大学

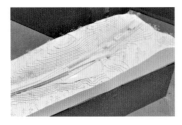

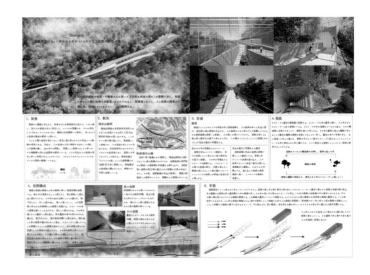

Project

Dialogue

— 道路工事によって失われた水がつくりだす
人と自然の対話の場—

愛知県名古屋市に相生山緑地という里山がある。ここはかつて行われた人の介入がなくなり、これまでに形成されてきた生態系の存続が危ぶまれている。また、この緑地内には弥富相生山線という未成道があり、その存在はこの緑地にとってネガティヴな印象を持つ。この弥富相生山線の価値を見出し建築へと変換することで、自然の魅力や、道路工事が自然に与えた影響が可視化され、人と自然の新たな共生の場となっていく。

ID149

竹中 樹

Itsuki Takenaka

金沢工業大学

Project

ウラオモテオモテウラ

― 世界の奥行きの再構築―

人間にオモテとウラがあるように、建築にもオモテとウラが存在する。何か背後に別の世界を持っていること、表ばかりではなくなにかを予感させることが、ある種の奥行きある世界をつくり出している。本プロジェクトでは、建築が生み出す表と裏の関係を建築的操作によって、奥行きのない世界に対して、ウラとオモテを再構築する。

ID150

海野 弘樹

Hiroki Unno

愛知工業大学

Project

剣の系譜

日本文化の一つである剣道。それは時代に合わせて変化してきた。しかし、海外発祥の人気スポーツで溢れかえる現代では、若年層の競技人口が低い割合のまま微減し続けている。今の剣道が、新たな付加価値を持つ剣道として進化できればこの現状を打破できるのではないか。地域資源と掛け合わせ、魅力発信を担う一つの装置として機能する剣道場を計画する。そして、受け継がれてきた精神性を手掛かりに剣道を体現する建築を目指す。

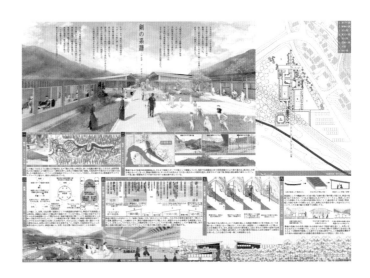

ID152

近藤 宏樹

Hiroki Kondo

名古屋工業大学

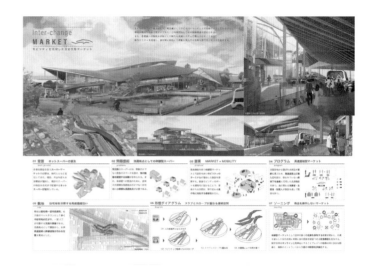

Project

Inter-change MARKET

ネットスーパーの普及により、実店舗としてのスーパーマーケットの役割が大きく変わろうとしている。商品が陳列される空間だけでなく、この場所ならでの体験価値が求められる。また、各家庭への配送を目的とした新たな流通システムが望まれる。そこで、交通の便の良い高速道路沿いを敷地とし、食の旬に対応するため新モビリティを活用し、柔軟に変化するマーケットを設計する。

ID153

加茂 千夏

Chinatsu Kamo

愛知淑徳大学

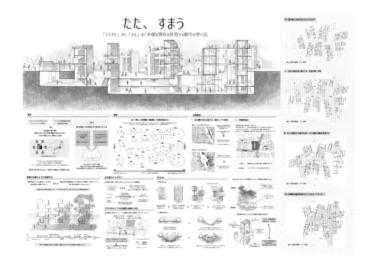

Project

たた、すまう
「たたずむ」から「すむ」まで
多様な滞在を許容する都市の受け皿

現代では、職住の場所が制限されず、自由に選択出来るようになりつつある。故に、人々は滞在したいと思う場所に自由に行き来し、集まるようになる。以前より、多様な滞在を受け入れ、その場所にいる理由をつくることが都市には求められるだろう。そこで、長期間の滞在を受け入れ、住み開きが可能なシェアハウス型の住居と、短期間の滞在を受け入れる交流施設を掛け合わせた、複合施設を提案する。

ID156

大塚 峻揮

Shunki Otsuka

名古屋工業大学

Project

滲み出る子どもの居場所

京都郊外の松井山手は効率重視の都市開発により子どもの居場所が減少し続け、家と学校の閉じた箱へ二極化された。本設計では、家と学校の「間」にある、開発に取り残された自然豊かな傾斜地に開き、ランドスケープと一体化した子どもの居場所を提案する。既存の敷地に捉われず、敷地から滲み出る居場所は地域と繋ぎ、新たな場として生活を豊かにしていく。

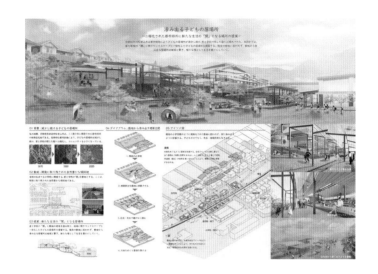

ID157

金子 大海

Hiromi Kaneko

静岡理工科大学

Project

産業の渦

近年、一次産業が衰退している。一次産業により発展してきた集落では高齢化により次の担い手がおらず地域資源の循環が止まりつつある。既存集落において、地域資源の循環の静止は人々の生活に大きく影響し地域全体を衰退させる。本提案では、一次産業により発展した既存集落の産業構造を建築化し、移住希望者や観光客に体験を通じて地域性を伝え、地域産業の継承を促す移住体験施設を提案する。

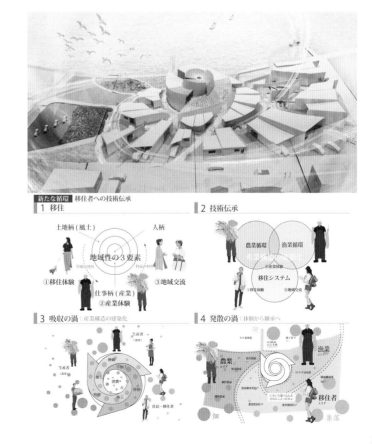

ID159

高村 菜々

Nana Takamura

静岡理工科大学

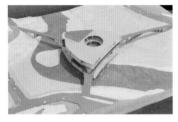

Project

湯るくめぐる

伊豆長岡地区は源氏山を中心にして2つの温泉街ができ、街が広がっていった。街の東側に流れている狩野川とぶつかる地点を敷地に設定し、3つの土地をまたがる文化複合施設を提案する。街にある体を癒す流れと新たにつくる心を豊かにする流れで、街に源氏山を中心とする生命・生死の循環を生み出すことで、時の流れや自分の人生について考えるきっかけになる。この計画が人々のサードプレイスとなり、狩野川に親しむことを願う。

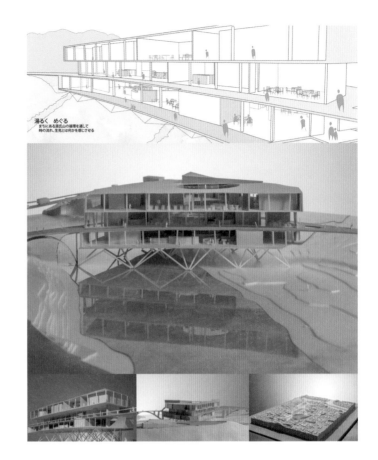

湯るく めぐる
まちにある源氏山の循環を通して
時の流れ、生死とは何かを感じさせる

ID161

岩村 樹里

Juri Iwamura

名城大学

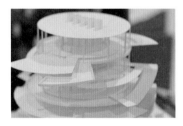

Project

地下空間への同調潜水

自然において水のサイクルは緩慢であり、その周囲には多様な生態系が生まれている。しかし、現代都市においては、下水により効率的に回収処理される単調な様態となっている。都市における水の振る舞いに着目し見つめ直すことにより、人間を含むさまざまな生物・生態系と水との親和性(心理的影響も含む)、水インフラの在り方について、考え得ることが出来るのではないのだろうか。

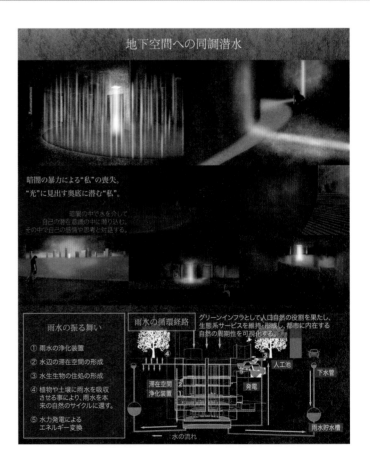

地下空間への同調潜水

暗闇の暴力による"私"の喪失。
"光"に見出す奥底に潜む"私"。

暗闇の中で水を介して
自己の潜在意識の中に潜り込む。
その中で自己の感情や思考と対話する。

グリーンインフラとして人口自然の役割を果たし、生態系サービスを維持・形成し、都市に内在する自然の周期性を可視化する。

雨水の振る舞い
① 雨水の浄化装置
② 水辺の滞在空間の形成
③ 水生生物の住処の形成
④ 植物や土壌に雨水を吸収させる事により、雨水を本来の自然のサイクルに還す。
⑤ 水力発電によるエネルギー変換

雨水の循環経路

滞在空間浄化装置
人工池
発電
下水管
雨水貯水槽
:水の流れ

ID162

服部 馨斗

Keito Hattori

名古屋市立大学

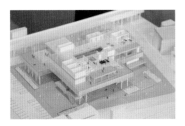

Project

浸水想定地域における
これからの消防署

2020年7月に熊本を大雨が襲った。この大雨によって市民を救助するはずの消防署まで浸水し、救助の要としての機能を果たせない事件となった。そこで、災害時にも本来の機能を失わず、さらに日常的に市民が消防署に訪れることができるプログラムとすることで、市民の防災意識を醸成し、地域として災害に対応していくためのきっかけとなる建築を提案する。

ID163

井上 玉貴

Tamaki Inoue

愛知工業大学

Project

住みツグ

巨大資本に環境を占有されている名古屋駅前で、未だ同質な空間を増殖させている商業空間を、批判的な姿勢で都市の更新対象として選定し、住空間に転用する。住み手による管理が公開性のある関係性の構築と主客の反転を容易にし、外部に接続する開口と空間構成によって失われた身体性をもたらす。都市をリノベーションするように重ね書きしながら、人々が関係性を実感できる、未来に向けた持続的な都市と住居の関係性を構築したい。

・対象敷地－名古屋駅前

JRセントラルタワーズ
名古屋ルーセントタワー
JPタワー名古屋
大名古屋ビルヂング
・選定敷地
　－JRゲートタワー2F
名鉄百貨店
対象敷地
ミッドランドスクエア

現在の名古屋駅は大規模な開発によって商業・業務機能などの集積が進むが駅前に立ち並ぶ商業空間は、豊かな消費を誘発する舞台装置である。そこで商業空間を批判的な姿勢で都市の更新対象として選定。今回は、駅前のJRゲートタワー、2階角のテナントのひとつを計画対象とした。

・提案－都市空間の二次利用

栄華な表層を誇る一方、同質な空間ばかり増殖
二次利用
巨大資本が管理し利用者は手を加えられない駅前空間

機能のみを転用し空間を二次利用する
転用
住民が主体となって管理利用者による都市空間の創造が可能となる

既存の商業空間に都市住居を挿入し、都市空間を二次利用する。都市の近代思想によって切断された空間に対して、住の単一機能にとどまらず、都市にある多様な要素を住空間と同時に組み立てなおす。主体性をもった都市空間は利用者によってつくりかえられ、新しい都市空間が創造される。これは、つくるのではなく使いこなす都市に向けた新しい都市の編集法である。

ID164

村西 凱

Gai Muranishi

名古屋市立大学

Project

Higashiyama Culture Valley

― 都市と緑地帯の際に建つ帯状空間 ―

本計画は緑地帯と都市インフラの結節点となる東山動植物園北門エリアの再編計画である。この場所は動植物園をはじめとして図書館やスポーツセンターなどの公共施設が集まるレクリエーションに富んだ場であるが、公共建築は箱として配置され、緑地帯と都市インフラは擁壁によってそれぞれの関係が切り離されている。本提案では尾根と谷といった自然地形や緑地帯の利用者を分析することで緑地帯に建つ公共空間の在り方を模索する。

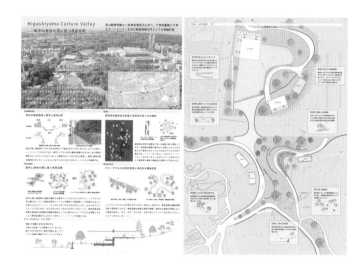

ID167

近藤 爽子

Sayako Kondo

名古屋工業大学

Project

子どもの遊びを受け入れる駅の新たなカタチ

街で遊ぶ子どもの姿は少ない。子どもは公園などの「子どもの遊び場」として用意されたところでしか自由に遊べない。しかしそれで良いのだろうか？ 遊びは学びである。いつも同じ場所で、同じ遊びをしているだけでは勿体ない。毎日同じように過ごすことで、子どもはさまざまな経験をする機会が失われているのではないだろうか。この設計は、街の一部である駅で子どもの遊びを受け入れ、遊びを街に拡げる提案である。

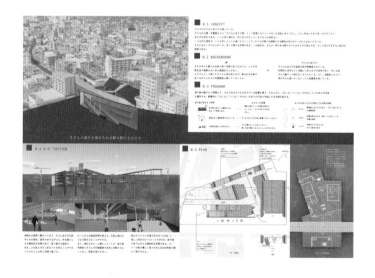

ID169

澤木 華

Hana Sawaki

静岡理工科大学

Project

カタチを紡ぐ散歩道

近年メディアの多様化により個人媒体が普及し、いつどこでも人や物事と関わることが可能となった。しかしそれから生まれる繋がりは媒体を挟んだもので対面することはなく、直接的ではない。そこで関わりのカタチに着目し、失われつつある役割とその可能性を広げるきっかけとして、広場のある図書館を提案する。そしてその広場を繋げ出会うきっかけをつくり出す散歩道を地域へと伸ばし、人とカタチの流れを生み出していく。

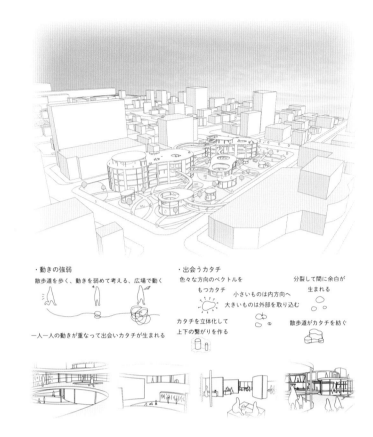

ID170

恒川 日和

Hiyori Tsunekawa

愛知工業大学

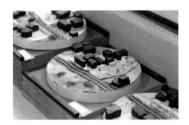

Project

西蒲電鉄 Re-FRAME

— ピクチャーウィンドウからまちをみる —

街の歴史とともに歩み、インフラとして人々の暮らしを支え続けてきた名古屋鉄道の「西尾・蒲郡線」は、近年利用者の減少や経営不振によって大きなダメージを受けてきた。そんな鉄道沿線を舞台に「街-鉄道」の関係の再構築を図る。新しい街の玄関口としての駅に焦点を当て、ピクチャーウィンドウを用いた景観操作を行うことで、鉄道利用者に街の新しい魅力との出会いを生み出し、鉄道を利用するほど、街と鉄道への愛着を増す提案をする。

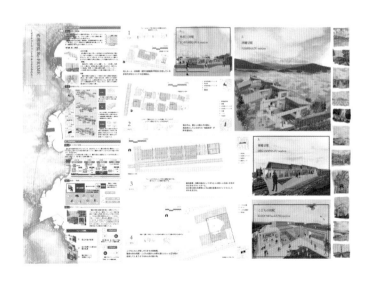

どこにも真似ができない建築会社

工務店の自由性の高さ、設計事務所のデザイン力、そしてハウスメーカーの安心感。
これらの強みを、クラシスホームは兼ね備えています。

設計からデザイン、建築、インテリアからその先の暮らしまで、
お客様の生活にまつわる全てをトータルコーディネート。

こうしたどこにも真似できない"いいとこどり"ができること、
それがクラシスホームの強みです。

CLASIS HOME

CLASIS HOME Co.,Ltd.
Nagoya City Midori-ku Okehazama Shimizuyama 1306-1
tel. 052-622-2202
https://www.clasishome.jp

〈募集職種〉
ホームアドバイザー（営業）
ホームエンジニア（現場監督）
プランナー（営業設計）
実施設計
インテリアコーディネーター
エクステリアプランナー
カスタマーサービス

注文住宅施工棟数
東海4県
4年連続 No.1
2016-2019年度

※愛知県・静岡県・三重県・岐阜県に本社を置くビルダー
※建築条件付き土地での注文住宅除く　(株)住宅産業研究所調べ

写真：Nobutada Omote

WHAT IS SPACE?

Create a Space!

1. トナリエ大和高田 / 2018.11
2. ビストロ赤沢 伊豆高原 / 2019.09
3. 名古屋市東谷山フルーツパーク / 2019.03
4. アリオ八尾 / 2019.04
5. 京都駅前地下街ポルタ / 2018.03
6. GLAMP ELEMENT / 2017.06
7. ATELIER de GODIVA / 2018.02

スペースは、
商空間をつくる会社です。

Space is a company that creates commercial spaces.

「空間」という社名を背負う私たちは、空間の力で想いを形にすることが事業であり提供価値です。みなさんが普段利用している小売店や飲食店、商業施設、ホテルや空港、他にも様々な空間をつくり続けてきました。明治時代に創業されたガラス商をいしずえに、1948年に創立以来、空間に出来ることを追求し、1つでも多くの "笑顔が生まれる場" をつくってきました。私たちの仕事は、建設業でも不動産業でもなく「ディスプレイ業」。それは、人の暮らしにとても近い、楽しくてワクワクした場所をつくる仕事です。すてきな空間で過ごす時間は、感動や笑顔を生みます。商空間を創造することで、多くの人が笑顔になれるような社会になってほしい。そんな想いで、今日も新しい空間をつくっています。

History

明治中頃	ガラス商を創業
1948	名古屋にてカトウガラス株式会社を創立
1954	カトウ美装株式会社に社名を変更
1976	東京事務所を設置
1986	香港にSPACE JAPAN CO.,LTD.を設立
1989	株式会社スペースに商号を変更
1994	日本証券業協会に株式を店頭登録
1998	本社所在地を東京都中央区に変更
1999	東京証券取引所及び 名古屋証券取引所市場第二部に上場
2010	上海にSPACE SHANGHAI CO.,LTD.を設立
2012	東京証券取引所市場第一部に上場
2018	株式会社エム・エス・シーと資本業務提携

厳選実例! 豊かな暮らしと空間をお届けする、ラグジュアリー住宅誌

2021年、モダンリビングは創刊70周年を迎えました

ML MODERNLIVING

SINCE 1951
70th
Anniversary

モダンリビング

隔月・偶数月 14日発売

ハースト婦人画報社

私を育ててくれた街に、
私は何ができるだろう。

私たち矢作建設工業は1949年の創業以来、
この地域の街づくりにずっと携わってきました。
街をつくることは、未来を育てること。
あなたが生まれ育った街の未来を、
今度は私たちと一緒につくっていきませんか。

～行政と連携した駅前再開発～
当社施工／「太田川駅前再開発」

～街の活性化につながるプロジェクト～
当社施工／「IKEA長久手」

～工業団地の開発～
当社施工／「磐田市下野辺工業団地」

矢作建設工業株式会社
YAHAGI

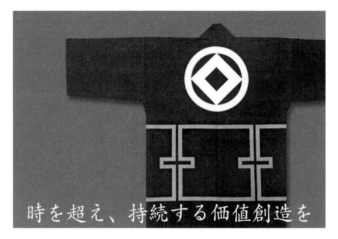
NAGOYA
Archi Fes
2021

協 賛 企 業 一 覧 （五十音順）

公益社団法人 愛知県建築士事務所協会	株式会社 スペース	飛島建設 株式会社	株式会社 不動産 SHOP ナカジツ
株式会社 梓設計	株式会社 錢高組	中村建設 株式会社	真柄建設 株式会社
株式会社 大林組	株式会社 ソネック	株式会社 日建設計	三重県労働者 住宅生活協同組合
株式会社 鍛治田工務店	タナカアーキテクト 株式会社	公益社団法人 日本建築家協会 東海支部	株式会社 三菱地所設計
木下建設 株式会社	株式会社 田中綜合設計	公益社団法人 日本建築家協会 東海支部愛知地域会	株式会社 安井建築設計事務所
クラシスホーム 株式会社	中日設計 株式会社	日本住宅 株式会社	矢作建設工業 株式会社
株式会社 鴻池組	株式会社 TKアーキテクト	株式会社 ハースト婦人画報社	株式会社 ワーク・キューブ
清水建設 株式会社	トータルアシストプラン 株式会社	株式会社 長谷工コーポレーション	
新栄のわ／パルル	戸田建設 株式会社	株式会社 福田組	
特別協賛：株式会社 総合資格			

Backstage
Document

NAGOYA Archi Fes 2021

活動内容紹介

年間スケジュール

6/14 6/24

活動説明会 Zoom

新規参加者に向けて、NAF の説明や委員長による委員会ごとの説明だけでなく、建築学生の相談会を Zoom で実施しました。NAF では初めてのリモートによる企画となりましたが、NAF の初めての試みである中部卒業設計展のオンライン配信のきっかけとなる企画でした。

9 月

space×NAF2021 in RAYARD Hisaya-odori Park　企画開始

NAF の有志メンバーによって開始された本企画は、久屋大通のまちに関して、まちの歴史や潜在的魅力を発見し、まちの未来について考えることをコンセプトに設計制作をはじめました。

11 月

space×NAF2021 in RAYARD Hisaya-odori Park　設置

2020 年度開園した RAYARD Hisaya-odori Park でポップアップを展示させていただきました。参加型のポップアップを制作しさまざまな方に参加していただき、久屋大通のまちに関して再度魅力を発見していただけるような企画となりました。

JIA×NAF2021 天使の森プロジェクト始動

昨年度より JIA 様と共同で進めてきた本プロジェクトですが、今年度は完成に向けて設計施工までを目標にプロジェクトがスタートしました。

1 月

Zoom 全体会

中部卒業設計展開催まで残り 2 ヶ月に差し掛かり、リモートで全体会を行いました。各委員会からの報告や全体としての情報共有を行い、リモートにて、NAF に所属するメンバーが揃う日となりました。

2 月

space×NAF2021

株式会社スペース様にご協力いただき、中部卒業設計展を彩る作品を共同制作させていただきました。企画、設計では対面だけではなくリモートを使って打ち合わせを重ね、制作物を形にしていきました。制作では、スペース制作本部に実際にお邪魔して現場の方々にご協力いただき、一緒に制作を行いました。

3/22

会場設営

3/23 3/24

本番

中部卒業設計展が 8 年目を迎えた今年は波乱の年となりましたが、メンバー全員の力によって成功させることができました。この成功はメンバー一人ひとりにとって貴重な経験となりました。

Hisayaodori Park　展示企画

久屋大通パークの一画を活用した展示空間の演出を株式会社スペース様と学生が協力して行いました。学生は展示イベントの企画の基盤考案と、展示内ブースの企画・デザインを行い、NAFとしては、久屋大通のまちにおける「インプットとアウトプット」をコンセプトとした、まちの模型に触れながらこれからのまちや公園について考えるブースを制作しました。

タイムスケジュール

9月
Zoom 企画説明会

Zoom
オリエンテーション
NAF 案考える

10月　合同打合せ

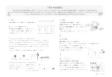

デザイン案決定
制作

11月　設営・展示

12月

01　企画考案から制作までを学生で

今年はコロナ禍の中、集まって作業をすることが難しい状況でしたが、Zoomを用いた企画会議や、久屋大通の模型制作に3Dプリンターを用いるなど、工夫をして制作に取り組みました。

02　まちの人とつながる展示

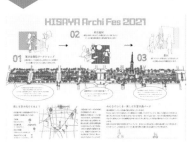

2020年に新しく生まれ変わった久屋大通公園のカタチを、来場者やまちで暮らす人々がどのように受け止めているのかを共有し合い、魅力的な憩いの場となる公園のカタチについて考える展示ブースを企画しました。展示ブースでは、来場者が久屋大通公園周辺でやってみたいことやお気に入りの場所をブース内に常備された旗に記入し、模型に差し込みます。

明日が、笑顔になる空間を。

株式会社スペース様ご協力のもと、出展者を紹介するパネルの展示台を制作しました。また、去年のサイン計画に感染症対策のサイン計画を加えました。学生のアイデアとスペース様の技術力が組み合わさって完成した展示台は、会場内に点在し、会場全体を木の温かみのある空間へと彩りました。

タイムスケジュール

11月	NAF 打ち合わせ
12月	Zoom 合同会議
1月	ものづくり事業部打合せ

2月	モックアップ作成

デザイン案決定

3月	制作

設営・展示

中部卒業設計展

01 HACO×WAKU から

今年度でスペース様との企画は3年目を迎え、NAF2019 で制作した HACO、NAF2020 で制作した HACO をどのように引継ぎ、どう利用するかが課題でした。企画メンバーで案を出し合い、打ち合わせを繰り返し、WAKU を活用した2種類の展示台と、HACO を活用した感染症対策のためのサインデザインを追加することとなりました。

02 発案から計画、制作まで

学生が提案したデザイン案をもとにものづくり事業部の方々がモックアップを制作し、当初の案をどう実現させていくか打合せを重ねました。そして、制作本部の方々のお力を借りて、実際に工具を用いて制作を行いました。最終的にアイデアを自分たちの手で形にしていくプロセスにこそ、ものづくりの楽しさがあると感じました。

WAKU

卒業設計のテーマである「WITH」の「W」をコンセプトに、斜めの部材が交互に組み合わさった展示台を制作しました。ユニット化されたフレームをさまざまなカタチに組み変えることが可能であり、工夫次第でさまざまなカタチをつくることができます。

また、卒制展当日、「WITH」展を開催しました。出展者の方に自身を紹介するパネルを書き込んでいただき、展示を行いました。今年はコロナで人と人の交流が少なかった中、出展者について より深く知ることができる展示空間となりました。

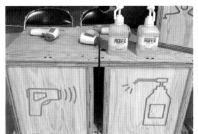

WITH

NAF2020で制作したWAKUを斜めに回転させ、新たに展示物を立てかけることが出来る展示台としてアップデートしました。アクリル板を用いることでWAKUの構造を引き立て、中心に板を掛けることで安定化を図っています。

また、感染症予防対策のために、消毒液と体温計のサインを追加しました。サインデザインはNAF2020のサイン計画のデザインと統一感を持たせました。木の温かみのあるサイン計画が会場全体に彩りを加えました。

オブジェ班 （会場委員会）

中部卒業設計展の会場に設置するオブジェです。毎年、設計展のテーマを形にしている作品が多く、2021年のテーマである「WITH」のオブジェは半透明の立体がメンバーのカラフルな衣装の背景に映えました。この作品は二面性があり横から見ると「2021」に変化します。

タイムスケジュール

- **11月** 第一会議 （自己紹介・活動紹介）
- **12月** 第二会議 （デザイン案集め）
- **1月** 第三会議 （案決定）
- **2月** 材料集め
- **3月** 制作

設営・展示

中部卒業設計展

01 オブジェ班とは？

NAF 会場委員会の 4 班あるうちの一つ。中部卒業設計展を盛り上げるために会場に設置するオブジェの制作をします。発案から計画、設計までみんなで意見を出し合いながら、決められた予算内で完成させます。

02 発案から計画、製作まで

今年はコロナ禍により、集まって活動する機会が例年と比べ減りましたが、発案から計画まで SNS を利用して進めることができました。制作が始まるまで顔合わせが少ない中、一人ひとりが発案に関わってくれました。

制作場所には毎年名古屋工業大学を利用していました。しかしコロナ禍での利用が困難だったため、今年は会場委員長の紹介で「新栄のわ103号室」というシェアスペースを使いました。制作はシフト制でしたが、今まで顔合わせが少なかった分、制作が始まると最初はぎこちなかったメンバーも徐々に会話が増えていき、年齢、大学、関係なく和気あいあいと作業を進めていました。予定通りには進まない現場でしたが、

各メンバーの働きで一人ひとりが自分の仕事をこなしてくれたおかげで無事完成させることができました。作業が終わったころには自然と会話が生まれ、ゼロからつくり上げたオブジェが出来上がったころには外が暗かったためオブジェを点灯し、大きな窓越しからNAFのテーマカラーであるオレンジ色に光るオブジェを見た時、達成感と感動に包まれた人が多かったと思います。コロナ禍で集まって作業をすることが少なかった分、この時の作業を振り返って「楽しかった」「やって良かった」「また集まりたい」という声を多く耳にすることができ、良い活動ができたと思います。例年と比べて今年は継続してくれるメンバーが多く、新しいメンバーを迎えて来年はさらに良い作品をみんなでつくり上げていきたいです。コロナ禍で感じた、人との関わりを大切にこれからも活動していきます。

03 代表メンバーの感想

班長 名古屋工業大学2年 大久保芽依

今年の活動はコロナ禍の影響で例年通りに進みませんでしたが、制作場所の確保などさまざまな人の支えがあり無事完成させることができました。ものづくりが好きな人たちが集まり、意見を出し合いながらみんなで一つのものを考え、完成させることはとても魅力的なことだと思います。メンバー間の交流が少なかった一年間でしたが、メンバーの「楽しかった」という声を聞くことができ大変うれしく思っています。来年も良いものをみんなでつくり上げたいです。

副班長 大同大学1年 渡辺祐介

オブジェ班には10月頃に途中参加しましたが、実際に手を動かすことが多いオブジェ班だからこそすぐに班に馴染むことができました。NAFの中でも一番クリエイティブな班で、限られた予算の中でデザインをつくり、予定通りにはいかない現場でオブジェをつくることはなかなかできない経験でした。今年度は去年からのメンバーとの経験を通してより良いオブジェができるよう頑張ろうと思います。

中部大学3年 加藤愛夏

私は2年続けて会場委員会のオブジェ班としてNAFに関わりました。その年のテーマに合わせ、みんなでオブジェの案を考えるところから制作まで、チームで作業ができるので、手を動かしてものづくりがしたい人には楽しい時間になると思います。コロナの影響で、集まる機会も少なかったですが、作業当日はゲームをして交流を深めるなど、いろいろ計画してくれた班長や意見を出して協力してくれたメンバーのおかげで、楽しく作業ができました。

天使の森 みんなのトイレプロジェクト

愛知県岡崎市にて、NPO 法人アースワーカーエナジーが取り組んでいる、「天使の森」の活動の一環として実施した、NAF2021、JIA東海支部との共同プロジェクト。できる限り自然を利用し、持ち込まない・持ち出さないを目標に、森での活動に不可欠なバイオトイレを設計し、山頂に建設しました。2019年にスタートし、感染症の影響で中止となっていましたが、秋から再始動。21年5月の完成を目標に設計・制作を進めました。天候や緊急事態宣言等による遅れがあったものの、大枠の制作は完了し、細部を残すのみとなりました。

スケジュール

けんちくかフェス
学習会 計2回開催
バイオトイレ原案作成

2020年
4月まで

12月　第3回学習会
　　　現地下見

1月　第4回学習会
　　　基本設計完了

2月　第5回学習会
　　　施工計画

4月　現地制作第1回
　　　基礎・石敷き

　　　現地制作第2回
　　　壁制作

5月

01 天使の森 100 年プロジェクトとは

　愛知県岡崎市にて、手入れも活用もされていないスギ・ヒノキの人工林を、自然度の高い、生物多様性の豊かな森林にすることを目指す取り組みです。

　水源となる山から、川・三河湾までを見渡せるこの地で、100 年以上の長い年月をかけ、数百年前に土に埋もれた種子を発芽を手助けするため、これまでの針葉樹に変わり広葉樹の植林を毎年少しずつ行っています。

02 みんなのトイレプロジェクトの背景

　環境学習の場としての役割もある天使の森は、岡崎市の小学校の総合学習の時間でも活用されています。そこでネックとなっていたのがトイレ問題。これを解決するため、自然の力を最大限に利用し、人間も自然の一員であることを感じつつも安心して用を足せるバイオトイレを、JIA 東海支部と共同で制作することとなりました。

一般からも参加者を募集した制作会には30名ほどが参加
知恵を出し合いながら手作業で進めていく

03 持ち込まない・持ち出さない

　SDGs の理念に沿った持続可能性を体現する場を目指し、持ち込まない・持ち出さない、その場で循環するトイレを目指しました。NAF メンバー、JIA の建築家の方々とオンラインで打ち合わせを重ね、できる限りその地域にある材料を用いて、人の手だけでつくることを目標にして設計の検討を進めました。機械の手やさまざまな材料に日頃どれだけ助けられているのかを実感しながらの設計。最終的には整地や運搬で重機が活躍したものの、岡崎の山から切り出した丸太と石を使って人力で制作しました。

SUSTAINABLE DEVELOPMENT GOALS

石を積んだ基礎に柱を立てる

壁の丸太には参加者全員のメッセージが

積んでは微調整の繰り返しで壁を制作

04 自然を感じる居心地の良さ

　自然を最大限に取り入れることで、我々人間も自然の構成員であることを実感できます。その一方で、トイレに不可欠な、安心して用を足せることを両立するためのさまざまな工夫を凝らしました。人のいない方向の壁が大胆に開くことで、自然に対する開放感と日光や降雨による処理の促進を狙い、反対に山頂の広場側はしっかりとした壁と石畳のアプローチで清潔感と安心感の両立を図りました。

　一般からも参加者を募り、現地制作会を2回開催。1回目はアプローチと雨水を集める役割となる石畳を、2回目は丸太を積み、壁を制作しました。

完成した石畳のアプローチ

壁に囲まれた内部と開放的な入り口

壁で人目を遮りつつ太陽が降り注ぐ内部

NAGOYA Archi Fes 2021 中部卒業設計展 学生実行委員会

代表	筒井雅	日本福祉大学(3年)	デザイン委員長
副代表	吉村真由	名古屋工業大学(3年)	審査委員会

会場委員会			
	田住梓	名古屋工業大学(3年)	会場委員長
	馬場友飛	中部大学(2年)	副委員長
	大久保芽依	名古屋工業大学(2年)	オブジェ班長
	松本留侑	名城大学(2年)	演出班長
	安田英永	中部大学(2年)	設営・運送班長
	加藤愛夏	中部大学(3年)	
	田中愛美	中部大学(3年)	
	近藤有香	椙山女学園大学(3年)	
	青木香澄	金城学院大学(3年)	
	中原萌々子	名城大学(2年)	
	仙石哲也	大同大学(2年)	
	太田龍之介	大同大学(2年)	
	安井友輝	名古屋工業大学(2年)	
	安井龍之介	中部大学(2年)	
	安江飛宇	名古屋工業大学(2年)	
	小林聖音	大同大学(2年)	
	平田千沙都	名城大学(2年)	
	日下雄介	中部大学(2年)	
	渡邉梨央奈	名古屋工業大学(2年)	
	西本帆乃加	名城大学(2年)	
	高橋佑奈	名城大学(2年)	
	前島あこ	中部大学(1年)	
	小長谷悠太	名古屋工業大学(1年)	
	山田彩衣	愛知淑徳大学(1年)	
	服部廉	名古屋工業大学(1年)	
	杉浦瑚南	愛知淑徳大学(1年)	
	村中理緒人	名古屋工業大学(1年)	
	田浦成昭	名古屋工業大学(1年)	
	石川風大	名城大学(1年)	
	高橋萌	名古屋工業大学(1年)	

広報委員会			
	前田治樹	名古屋工業大学(3年)	広報委員長
	岸夕海	名古屋工業大学(2年)	副委員長
	西康貴	名古屋市立大学(3年)	
	武内美有	名古屋工業大学(3年)	
	神野帆乃香	名古屋工業大学(2年)	
	橋爪咲	名古屋工業大学(2年)	
	加藤唯	名古屋工業大学(2年)	
	田中さくら	名古屋工業大学(2年)	
	上野杏実	名城大学(2年)	
	江本一夏	名城大学(2年)	
	高野翔	名古屋工業大学(1年)	

デザイン委員会			
	丹羽佑太	名古屋工業大学(3年)	副委員長
	鈴木茉里奈	名古屋工業大学(3年)	
	松田悠作	名古屋工業大学(3年)	
	天野春果	名城大学(2年)	
	新井花奈	名城大学(2年)	
	牛田結理	名城大学(2年)	
	江口菜々実	名城大学(2年)	
	城戸美穂	名城大学(2年)	
	前島あこ	中部大学(1年)	
	目時瑞季	中部大学(1年)	

審査委員会			
	田嶋大地	名古屋市立大学(3年)	審査委員長
	久米爽平	名古屋市立大学(2年)	副委員長
	大澤葵	名古屋工業大学(2年)	副委員長
	正村優衣	名古屋工業大学(3年)	
	増田塁成	名古屋工業大学(3年)	
	小田雅也	名古屋工業大学(3年)	
	リテンウンウツ	名古屋工業大学(3年)	
	林泉水	名古屋工業大学(3年)	
	今枝望	名城大学(3年)	
	恒川智香	名城大学(3年)	
	多田奈生	名城大学(3年)	
	濱嶋琳	名古屋造形大学(3年)	
	小出一葉	名古屋造形大学(3年)	
	曽根彩希	椙山女学園大学(3年)	
	高橋天勢	名古屋市立大学(3年)	
	梶田龍生	名古屋工業大学(2年)	
	伊藤亮太	名古屋工業大学(2年)	
	金子樹生	名古屋工業大学(2年)	
	恒川奈菜	名古屋造形大学(2年)	
	渡辺裕太	中部大学(2年)	
	木上大生	中部大学(2年)	
	日下博瑛	信州大学(2年)	
	中村優輔	名城大学(2年)	
	大嶋唯花	名城大学(2年)	
	前津玲奈	名城大学(2年)	
	塚本光郁	名古屋市立大学(1年)	
	川本七海	名古屋市立大学(1年)	
	山本明里	名古屋市立大学(1年)	
	原田菜々子	名古屋市立大学(1年)	
	中村百花	名古屋市立大学(1年)	
	山村佳澄	名古屋市立大学(1年)	
	中村茉友果	名古屋造形大学(1年)	
	杉山未来	名古屋造形大学(1年)	
	若林輝隻	中部大学(1年)	

渉外委員会			
	辻昂河	中部大学(3年)	渉外委員長
	堀田隼平	中部大学(3年)	副委員長
	久野貴範	中部大学(3年)	
	山元明日香	名古屋工業大学(3年)	
	安江里央名	名古屋造形大学(3年)	
	間宮将輝	中部大学(2年)	
	石川拓弥	中部大学(1年)	

♪ 総合資格学院 の本

▶ 法令集 & 試験対策書

 建築士 試験対策
建築関係
法令集
法令編
定価:3,080円(税込)
判型:B5判

 建築士 試験対策
建築関係
法令集
法令編S
定価:3,080円(税込)
判型:A5判

 建築士 試験対策
建築関係
法令集
告示編
定価:2,750円(税込)
判型:B5判

 1級建築士
学科試験対策
学科
ポイント整理と
確認問題
定価:3,630円(税込)
判型:A5判

 1級建築士
学科試験対策
学科
厳選問題集
500 + 125
定価:3,410円(税込)
判型:A5判

 1級建築士
学科試験対策
学科
過去問
スーパー7
定価:3,080円(税込)
判型:A5判

 2級建築士
学科試験対策
学科
ポイント整理と
確認問題
定価:3,410円(税込)
判型:A5判

 2級建築士
学科試験対策
学科
厳選問題集
500+100
定価:3,190円(税込)
判型:A5判

 2級建築士
学科試験対策
学科
過去問
スーパー7
定価:3,080円(税込)
判型:A5判

 2級建築士
設計製図試験対策
設計製図
テキスト
定価:4,180円(税込)
判型:A4判

 2級建築士
設計製図試験対策
設計製図
課題集
定価:3,300円(税込)
判型:A4判

 宅建士 試験対策
必勝合格
宅建士
テキスト
定価:3,080円(税込)
判型:A5判

 宅建士 試験対策
必勝合格
宅建士
過去問題集
定価:2,750円(税込)
判型:A5判

 宅建士 試験対策
必勝合格
宅建士
オリジナル
問題集
定価:2,200円(税込)
判型:四六判

 宅建士 試験対策
必勝合格
宅建士
直前予想模試
定価:1,650円(税込)
判型:B5判

 1級管工事
施工管理技士
第一次検定
問題解説
定価:2,970円(税込)
判型:A5判

 1級管工事
施工管理技士
第二次検定
問題解説
定価:3,080円(税込)
判型:A5判

 1級建築
施工管理技士
第一次検定
問題集
定価:3,080円(税込)
判型:A5判

 2級建築
施工管理技士
第一次検定・
第二次検定
問題解説
定価:1,870円(税込)
判型:A5判

 2級建築
施工管理技士
第一次検定
テキスト
定価:2,420円(税込)
判型:A5判

▶ 設計展作品集 & 建築関係書籍

 建築新人戦
オフィシャル
ブック
定価:1,980円(税込)
判型:A4判

 JUTAKU
KADAI
住宅課題賞
定価:2,420円(税込)
判型:B5判

 Diploma×
KYOTO
定価:1,980円(税込)
判型:B5判

 歴史的空間
再編
コンペティション
定価:1,980円(税込)
判型:B5判

 ヒロシマ
ソツケイ
定価:1,980円(税込)
判型:B5判

 Design
Review
定価:1,980円(税込)
判型:B5判

 NAGOYA
Archi Fes
定価:1,980円(税込)
判型:B5判

 卒、20
全国合同
建築卒業設計展
定価:1,650円(税込)
判型:B5判

 埼玉建築設計
監理協会主催
第21回
卒業設計
コンクール
作品集
定価:1,100円(税込)
判型:B5判

 トニカ
北九州建築展
定価:1,650円(税込)
判型:B5判

 JIA
関東甲信越支部
大学院修士
設計展
定価:1,980円(税込)
判型:A4判

 赤レンガ
卒業設計展
定価:1,980円(税込)
判型:B5判

 都市・
まちづくり
コンクール
定価:1,980円(税込)
判型:B5判

 JIA神奈川
学生卒業設計
コンクール
定価:1,980円(税込)
判型:B5判

 建築模型で
学ぶ!
木造軸組構法
の基本
定価:7,700円(税込)
判型:A4判変形

 お問い合わせ　総合資格学院 出版局

[URL] https://www.shikaku-books.jp/　[TEL] 03-3340-6714

を輩出しているスクールです！

令和2年度 1級建築士 設計製図試験 卒業学校別実績

卒業生合格者20名以上の学校出身合格者のおよそ6割は
当学院当年度受講生！

卒業生合格者20名以上の学校出身合格者合計2,263名中／
当学院当年度受講生合計1,322名

下記学校卒業生
当学院占有率 **58.4%**

他講習利用者＋独学者　／　当学院当年度受講生

学校名	卒業合格者	当学院受講者数	当学院占有率	学校名	卒業合格者	当学院受講者数	当学院占有率
日本大学	162	99	61.1%	東洋大学	37	24	64.9%
東京理科大学	141	81	57.4%	大阪大学	36	13	36.1%
芝浦工業大学	119	73	61.3%	金沢工業大学	35	16	45.7%
早稲田大学	88	51	58.0%	名古屋大学	35	22	62.9%
近畿大学	70	45	64.3%	東京大学	34	16	47.1%
法政大学	69	45	65.2%	神奈川大学	33	22	66.7%
九州大学	67	37	55.2%	立命館大学	33	25	75.8%
工学院大学	67	31	46.3%	東京都立大学	32	21	65.6%
名古屋工業大学	65	38	58.5%	横浜国立大学	31	15	48.4%
千葉大学	62	41	66.1%	千葉工業大学	31	19	61.3%
明治大学	62	41	66.1%	三重大学	30	16	53.3%
神戸大学	58	27	46.6%	信州大学	30	16	53.3%
京都大学	55	28	50.9%	東海大学	30	16	53.3%
大阪工業大学	55	34	61.8%	鹿児島大学	27	18	66.7%
東京都市大学	52	33	63.5%	福井大学	27	11	40.7%
京都工芸繊維大学	49	23	46.9%	北海道大学	27	13	48.1%
関西大学	46	32	69.6%	新潟大学	26	18	69.2%
熊本大学	42	23	54.8%	愛知工業大学	25	17	68.0%
大阪市立大学	42	22	52.4%	中央工学校	25	12	48.0%
東京工業大学	42	17	40.5%	京都建築大学校	23	19	82.6%
名城大学	42	27	64.3%	武庫川女子大学	23	13	56.5%
東京電機大学	41	25	61.0%	大分大学	21	12	57.1%
広島大学	38	29	76.3%	慶応義塾大学	20	9	45.0%
東北大学	38	26	68.4%	日本女子大学	20	11	55.0%

※卒業学校別合格者数は、試験実施機関である(公財)建築技術教育普及センターの発表によるものです。※総合資格学院の合格者数には、「2級建築士」等を受験資格として申し込まれた方も含まれている可能性があります。(令和2年12月25日現在)

NAGOYA Archi Fes 2021

中部卒業設計展

2021年10月19日　初版発行

編　著	NAGOYA Archi Fes 2021 中部卒業設計展実行委員会
発行人	岸 隆司
発行元	株式会社 総合資格
	〒163-0557　東京都新宿区西新宿1-26-2　新宿野村ビル22F
	TEL 03-3340-6714（出版局）
	株式会社 総合資格　http://www.sogoshikaku.co.jp/
	総合資格学院　　　https://www.shikaku.co.jp
	出版サイト　　　　https://www.shikaku-books.jp/

編　集	礒永遼太、鬼頭英治（株式会社 エディマート）
執　筆	NAGOYA Archi Fes 2021 中部卒業設計展実行委員会
アートディレクション	田中綾乃（株式会社 エディマート）
デザイン	田中綾乃・近藤宏樹（株式会社 エディマート）、田中農（CoroGraphics）、
	NAGOYA Archi Fes 2021 中部卒業設計展実行委員会
撮　影	加納将人、NAGOYA Archi Fes 2021 中部卒業設計展実行委員会
編集協力	竹谷繁（株式会社 総合資格 中部本部）、金城夏水（株式会社 総合資格 出版局）

印刷・製本	セザックス 株式会社

Printed in Japan
ISBN　978-4-86417-408-4